卷首语

又是姗姗来迟的一辑。专题《1898，一位美国工程师的山西之行》披露了一百二十年前美国探矿工程师在山西记录的场景。《八十年前的公共卫生考察》，以李启盘保存的材料为线索，介绍了八十年前国民政府卫生署第一届公共卫生医师特别研究班历时38天，考察南北11地近90家公共卫生机构的情况。《1945，美国大兵布劳齐在平津》以美军士兵的影像记录七十余年前平津地区的景象。

刘丁丁的《狼牙山纪念塔旧事》以其父刘峰抗战中拍摄的历史影像，介绍了为纪念“狼牙山五壮士”修建纪念塔及其后的往事。

周德华的《目澜洲印记》介绍了地处江南古镇盛泽的胜迹目澜洲的变迁。《名园·祖屋·芙蓉园》介绍了地处福州三坊七巷的芙蓉园，反映出时代变迁对家庭命运的影响。

《我是从峨眉山上下来“摘桃子”的》回顾了亲历抗战胜利的传奇经历。《滕公栅栏墓地修复忆旧》介绍了北京传教士墓地修复的经过。《建工部外训班记事》回顾了五十年前的一段往事。

《一个彝族“国大代表”的传奇人生》呈现了最后一个“国大代表”李仕安的人生传奇。《一个具有先锋意识的建筑师》介绍了岭南建筑的先驱陈伯齐。《忆抗战中的父亲》回顾了体育界老前辈张强邻抗战前后的经历。

《1920，上海，初见罗素》以当时的现场影像，记录了当年的重要事件。《老西开，1966》则以第一手的历史影像，回顾了天津老西开教堂的重要历史瞬间。

《胎死腹中的华东基督教联合大学》回顾了抗战结束后华东几所基督教大学试图联合成立大学的努力。《臧刘两家的世交之情》则从一张婚礼现场的合影引出臧伯庸、刘体乾两家的世交。《总统厌恶的总理孙宝琦》介绍了北洋时代的一段往事。

更多精彩，敬请期待。

图书在版编目(CIP)数据
《民间影像》(第八辑)/《民间影像》编委会编.
上海：同济大学出版社，2018.1
ISBN 978-7-5608-7136-3
Ⅰ．①民… Ⅱ．①民… Ⅲ.①社会生活－史料－中国 Ⅳ．①D669
中国版本图书馆CIP数据核字(2017)第156679号

《民间影像》(第八辑)
出版策划 萧霏霏(xff66@aliyun.com)
责任编辑 陈立群(clq8384@126.com)
视觉策划 育德文传
装帧设计 昭阳
电脑制作 宋玲　唐斌
责任校对 徐春莲

出　　版 同济大学出版社www.tongjipress.com.cn
发　　行 上海市四平路1239号　邮编 200092　电话 021-65985622
经　　销 全国各地新华书店
印　　刷 上海丽佳制版印刷有限公司
成品规格 170mm×213mm　256面
字　　数 280000
版　　次 2018年1月第1版　2018年1月第1次印刷
书　　号 ISBN 978-7-5608-7136-3
定　　价 68.00元

目录

特稿

它们

我们

他们

现场

影像笔记

1898，一位美国工程师的山西之行

周 珞

威廉·希尔曼·肖克利(1855~1925)是一位美国探矿工程师，活跃于十九世纪末二十世纪初，是少数几个足迹遍布亚洲、非洲和拉丁美洲的探矿人。他热衷于摄影，是位相当优秀的业余摄影家。十九世纪末摄影术还处在发展的早期，却几乎已经成为职业探矿人野外工作的必备工具。拍摄一个地区的自然地质情况以及当地人的采矿手段是探矿人的工作需要，肖克利的相机拍下了各地的矿场、矿工，将他们的各种生产手段和工具记录下来，让许多只有文字记载的描述有了实物的佐证和理解的可能。肖克利也是一位对各种文化有着浓厚兴趣的工程师，他的相机拍下了所到各地的人物风俗、建筑景观和社会现状，为那些地方留下难得的早期影像资料。肖克利在中国前后有三年，期间到各地勘测和旅游，到过北京、上海、山西、内蒙古、河南、河北、湖北以及东北三省。1898年肖克利在山西勘测当地的煤铁矿，历时三个半月。

肖克利1855年出生于美国马萨诸塞州的新贝德福德(New Bedford)。父亲是捕鲸船船长，外祖父是当地有名的捕鲸船建造商。1875年肖克利自麻省理工学院毕业后，先后在佛罗里达州和加利福尼亚州做地质矿藏勘测员。1880年后肖克利任职于内华达州坎德拉里亚(Candelaria)的一家矿业公司，先是做勘测员后来成为这家公司的总经理。1894年后的三年里，出于个人的兴趣爱好，肖克利先后到纽约和欧洲几国修习语言、文学、艺术和音乐。肖克利在伦敦游学时，英国的比墨公司(BewickMoreing and Company Ltd.) 正在招贤纳才参加由英国矿业资本家威廉·普里查德·摩根(William Pritchard Morgan, 1844~1924)牵头的中国探矿之旅。比墨公司看中了肖克利丰富的经验，将他派到中国。

肖克利在山西盂县的一个炼铁铺

肖克利1897年初坐船来到上海，之后的三年中，他的足迹遍布华北及东北三省等地，探查各地金、银、铁、铜、煤的储量以及开采情况。期间，肖克利在山西的时间最长，1898年他被任命为英国福公司(The Peking Syndicate Limited)在山西的总负责人，对山西南部的煤铁矿和冶铁业进行了长达三个半月的细致勘测。次年他又花了八个月的时间探寻中国的石油储藏情况。1899年秋天肖克利离开中国。

肖克利的妻子梅・布拉德福德(May Bradford, 1879~1977)来自内华达州，也是位探矿工程师。两人在欧洲相识并于1908年在伦敦结婚。两人的独子威廉·布拉德福德・肖克利(William Bradford Shockley，1910~1989)出生在伦敦。小肖克利后来成为著名的物理学

山西窑洞

勘测队在山西

行进在山路上的骡队

太原府附近的一个村子

堆成山的铁渣(山西大阳镇)

家，是晶体管的发明者之一，并于1956年凭借这个发明获得了诺贝尔物理学奖。肖克利夫妇1913年从欧洲回到美国定居。1925年肖克利在加利福尼亚州的家中去世。

山西煤炭的储量居中国首位，是中国传统产煤和炼铁的主要地方。1890年汉阳铁厂成立前，山西一直是全国最主要的铁制品生产地。据《山西通志》记载，1870年山西的生铁、熟铁和铸铁产量在12万到13万吨之间。山西的各种铁货是中国北方日常生活、生产的主要物质。全中国几乎每一个家庭都使用晋城大阳镇制作的铁针。

1870年的英国正处在第一次工业革命的末期，她的铁产量1800年时为13万吨，1861年时已经增长到380万吨。煤的

山西大阳镇(1898)

轿中的意大利人萨比奥内

产量在1800年时是1200万吨，到了1861年已经是5700万吨。煤和铁是近代工业发展的重要标志，开采煤矿、铁矿是资本增长的重要途径，煤铁的高产量也是工业快速发展的保障。德国著名地质学家李希霍芬(Ferdinand Von Richthofen, 1833~1905)1868年到1872年间在中国做了七次游历。他写的关于河南和山西两省的报告中，详细记载了两地的特产，如煤、铁等。他称山西的煤炭可供世界使用千年，引起了西方各国的极大兴趣。英国福公司就是在这样的背景下于1897年在伦敦诞生。这家公司很快通过清朝总理各国事务衙门获得了在河南和山西开采煤铁和修筑铁路的权利，并很快雇用了专业探矿人到两地做实地勘探。肖克利1897年第一次到山西勘测后，认为

轿中的刘鹗和一旁站着的意大利人萨比奥内

山西的煤炭储量没有李希霍芬说的那么夸张，但同意山西的煤储量确实够全世界用上千年。

萨比奥内和叶翻译

1882年张之洞上任山西巡抚，开始在山西积极推广洋务发展实业。当时山西的制铁业由于受到洋铁倾轧，虽然号称冶铁之乡，铁货生产量正逐年减少，贩卖铁货的商人人数也在下降。张之洞主张采用西法开发山西的煤铁资源，降低损耗，提高质量，和洋货竞争，如此山西的工、商、农才能得以发展。他责令各级官员发放无息贷款，鼓励开矿炼铁。张之洞因办洋务功成名就，影响了一大批醉心洋务的官员，其中就有1895年上任的山西巡抚胡聘之。1892年胡聘之任山西布政使时创建了山西第一家近代工厂——太原火柴局。就任山西巡抚后，他积极筹备太原机器局，该局1898年开工生产，是山西近代机械工业的开端。

福公司与山西商务局于1897年底签订了《请办晋省矿物借款合同》五条和《请办晋省矿务章程》二十条。两个条约得到了山西巡抚胡聘之批准，后又获得总理衙门庆亲王的许

雪中的太原府城墙、城门和护城河

勘测队在路上

可。促成此事的一个关键人物是刘鹗。他后来写的《老残游记》是本极受欢迎的小说。他受洋务运动影响，主张开矿和修筑铁路。他与山西名士方孝杰组成了一个空壳公司“晋丰公司”。这两个条约规定山西中南部的煤矿、铁矿以及全省范围石油的开采由晋丰公司与福公司共同经理，福公司同时获得权利修建铁路，以方便矿产品运输。各方的利润分成比例是：清政府得25%，山西矿务局得15%，晋丰公司得10%，福公司得50%。开采时间定为60年。两个条约于1898年 5月21日在总理衙门最终签字生效。晋东南的平定县、盂县、潞安府、泽州一带是山西煤炭蕴藏量最大的一个矿区，福公司1898年初就派遣肖克利等人对这一带煤铁矿的情况做详细的勘测。同行的有福公司负责人意大利人萨比奥内和一位姓叶的翻译。山西官府派出马队沿途保护。

山西官府派马队跟随负责勘测队的安全

肖克利一行1月9号离开北京，历时三个多月，4月初回到北京。肖克利将这次探矿活动写成报告交给公司，后来在公司允许下把报告公开发表，题目是《中国山西省东南部的煤铁矿》(Notes on the Coal and Iron- Fields of Southeastern Shansi，China)。肖克利的报告中记录了很详细的旅程信息，这里节选如下：

1898年1月

1月9日：北京—长辛店镇—窦店镇

1月10日：松林店

1月11日：保定

1月12日：方顺桥乡

1月13日：清风店—明月店

1月14日：正定县

1月15日：鹿泉(获鹿)

1月19日：国驿铺

客店门口的铜牛

1月20日：平定县

1月22日：芹泉

1月23日：太安驿(寿阳县)

1月24日：太原

1898年2月

2月2日：北格镇

2月3日：徐沟镇

2月5日：来远镇

2月6日：权店

2月8日：新店镇—虒亭

2月9日：屯留县

2月10日：长治(潞安府)

2月13日：荫城镇

2月18日：高平县

2月25日：大阳镇(泽州县)

1898年3月

路边佛塔

三层阁楼

3月3日：泽州县

3月8日：周村镇

3月9日：阳城

3月13日：沁水县

3月14日：隆化镇

3月15日：翼城县

3月16日：临汾(平阳府)

3月18日：洪洞县

3月19日：霍州县

3月20日：灵石县

3月21日：介休县

3月22日：平遥县

3月23日：祁县

3月24日：太谷县

3月25日：太原

3月31日：什贴镇

1898年4月

4月1日：盂县

4月3日：岔口乡(平定县)

4月4日：温塘镇

4月5日：平山县

佛塔

窑洞

骡夫和驮重物的骡子

4月6日：正定县

4月7日：明月店—清风店

4月8日：方顺桥乡—保定

4月9日：徐水县(安素县)

4月10日：松林店

4月11日：北京

山西是典型的山地高原，东面的太行山，西面的吕梁山，北面的恒山

盂县附近的“十五盘”

待发的骡车队

制作坩埚

骡轿

荫城炼铁炉旁的矿工们

与五台山，南面的中条山，夹杂着太原盆地、大同盆地、临汾盆地、运城盆地等一系列低地。肖克利的报告中多次提到交通不便，道路十分狭窄且崎岖不平，四十里的路常常要走上整整一天。有多张照片拍摄勘测队在盘山公路上缓慢前行。队伍中的骡子身上都驮着数量可观的行李。能负重物能走长途是骡子出了名的，是运输货品的主力，山西的煤铁矿石和制成品自然多靠骡队运出省。这个数量有多大呢？鹿泉市获鹿镇位于冀晋交通要道，是冀、晋、陕三省的商品集散地。肖克利在1898年考察时自己收集了一些数据，根据这些数据他估算每天通过获鹿镇运送到东边的煤有90吨，铁有18吨，其他货品还有64吨，换算成公制的话总量有172吨。这么多的货

炼铁炉(荫城镇)

炼铁炉(大阳镇)

孟县炼铁炉

品大概需要3000多头骡子来运输，获鹿镇是当之无愧的商品流通要镇。

肖克利最感兴趣的是山西煤矿采矿的情况以及当地工匠们炼铁的方法。在获鹿镇肖克利看到了品种丰富的铁制品，最多见的是铸铁制作的锅、车轴、铁铲、铁链等，熟铁制品主要是铁钉。在肖克利眼中，这些山西土法生产的铁制品大多工艺粗糙，不够精致。他走访了荫城、高平、大阳和孟县等地的炼铁作坊，和作坊老板以及铁匠们交谈，了解铁制品生产销售的情况。这一带是山西的产铁中心，当地人自称："我们吃的是铁！"肖克利的观察认为，此时此地的炼铁业已经大不如前，生产量仅为30年前的1/3，主要

锻铁炉和工人们(孟县)

原因是来自洋铁的竞争。洋铁有些是从外国直接进口的，也有相当一部分是汉阳铁厂生产的。他也走访了当地许多铁矿，发现山西铁矿一般为褐铁矿和赤铁矿，铁矿石埋藏浅，容易发现和开采。山西人把铁矿藏按照品级和开采的容易程度分为九或者十层，最上面的五层基本上不需要大型工具就可以开采。各层的名称在各地叫法略为不同，荫城附近的人们给头五层起的名字是：头层、五花层、黄面层、八友层和地层。基本上各地的人们都认为五花层的铁矿石是质量最好的。一份矿石平均有20%~30%的出铁量，五花层能达到30%~40%的出铁量。当地人认为最好的矿石当时已经不容易开采到了，而肖克利认为此地仍然有非常丰富的铁矿石，一些相当好的铁矿是因为出水或通风问题被人们放弃了。

山西炼铁采用的是坩埚炼铁的方法，肖克利的照片将这一工艺生动展现出来。前页(24

匍匐拉矿石的矿工(盂县)

矿场上用筐拉矿石的矿工(盂县)

页)中两个工人正在用坩土捏制成坩埚。坩埚做好后，把锤碎的铁矿石和煤块(均为核桃大小)以及黑土(风化煤)装入其中，比例是四份铁矿石、一份煤块和一份黑土。装好的坩埚被放入拱形的土窑内，四周用煤块加热。土窑后有两人手工操作风箱鼓风，通常需要16小时可以让矿石熔融。炼成后先让坩埚冷却，之后将坩埚打破，把铸凝成的铸铁片从埚底取出。熟铁是把铸铁放入小炉中再行锻制，通常是用木材加热小炉，然后趁热敲打成型。从荫城、大阳和盂县三地炼铁炉的照片上看，形式十分类似，炉前堆放的是一些用过的坩埚。

据肖克利的观察，荫城和高平的铁矿和冶铁铺子看起来十分繁忙，但似乎获利不多，两镇都是一幅贫穷景象。荫城铁制品中占首要位置的是铁钉。高平地区生产的铁被认为是山西省品质最好的。高平的一个炼铁铺老板告诉肖克利，他家的铁铺可以追溯到唐朝。大阳镇的炼铁铺是最发达的，规模大且商业化程度高。但大阳最有名的铁针却已经停产有段时间了。

大阳镇煤矿上的矿工们

大阳镇运煤的牛车

屋前的两辆牛车

大阳镇炼铁炉旁肖克利和工人们合影

前页(28、29)中的炼铁铺有几个连成一排的炼铁炉。这些炼铁铺院中常常堆满铁矿石、坩土、煤屑和木材。大阳镇外堆积成山的铁渣显示出这一工业的悠久历史。大阳镇有许多两层的房子，这让大阳看起来很像欧洲特别是意大利的一个镇子。

采矿的矿工是当地的农民，他们只在农闲时在矿上工作。这些人极其贫穷，穿着破烂，所得报酬十分少。肖克利对山西煤层的考察结果是，单独的煤层有3~12米厚，许多地方都有多层煤层重叠，总厚度可达18米。煤矿产出的无烟煤质地坚硬，纯度极高，燃烧后只留少量白灰。肖克利所拍照片展示了不少矿场和炼铁厂的劳作情况。矿工们用来拉铁矿石的小车，底部是一块平的厚木板，上面是枝条编成的筐，车子有四个木轮子。筐里装满矿石后，拉起来极其费力，车夫甚至要弯腰超过90度，双手触地匍匐前进。

在荫城的一个煤矿，肖克利下到一个深55米的矿井中。最上面的15米，矿井直径2米，往下只有1.2米。井下有四五个矿工，每人每天平均出煤20筐。每筐煤重约42公斤，由六人用绞盘拉出矿井。肖克利手脚并用地在矿坑底爬行，观察那里的煤层，发现足有5米多厚，质量非常好。大阳镇附近的一个煤矿，被肖克利大加赞赏。矿上建有两个矿井，一个用来出煤，一个用来通风和送水。井深73米，每天出煤400筐，每筐重150公斤，由八人用绞盘拉出矿井。矿井通风情况十分好，煤层厚达10米。这个煤矿的矿工们似乎对工作满意。他们日出开工，午夜收工，中间有休息。泽州一处最大的煤矿没有矿场主，由矿工们集资租下。这里的煤矿质量极佳，密度极高，燃烧时火苗极小且无味。矿工们把采到的煤矿石按照三个等级出售：碳、碎碳和细煤。碳最贵，细煤最便宜。

肖克利发现煤矿上有不少大鼠，矿工们喂它们小米，因为他们相信这些大鼠能预告事故。帮助矿工们拉煤的是牛车，车轮较大，一车能拉不少煤。类似的牛车应该也是生活中拉运货物的常见方式。牛车行进速度较慢，大概只用于短途运输。

炼铁铺中的工人一般比煤矿上的矿工报酬好些，直接负责炼铁炉的人和熟练铁匠报酬最高。大阳镇上的铁铺许多都已经开了上百年。这些铁铺每天烧一炉，生产的铸铁块每块重6公斤。铸铁块经过重新加热和锻打制成熟铁。锻打通常由四人完成，一人固定住铁块，另外三人各用一把重达6公斤的铁锤不停锤打，期间铁块要反复加热4次。

肖克利的勘测队在途中

肖克利一行一直有山西衙门的人跟随，目的自然是确保他们的勘测活动顺利安全进行。肖克利出发前，美国领事馆的官员嘱咐他，对山西百姓要尽量表现和善。前页(37页)照片中肖克利站在大阳镇一个炼铁炉前和工人们合影，气氛看起来还算和谐。有趣的是，肖克利观察到，作坊老板和工人们多不愿意和他们交流，当然是害怕洋人，但对衙门官员的惧怕也是重要原因。从高平到大阳途中，勘测队曾向遇到的本地人打听附近的炼铁铺，这些人告诉他们附近没有并督促他们继续往前走。可勘测队走了不到二十米就看见了好几座炼铁炉，这些人后来告诉他们是怕洋人们给当地带来坏事情。在阳城，勘测队把随行的衙门的人打发走后才找到当地的一个煤矿。铁铺的生产能力肖克利未能得到准确数据，原因是作坊老板们不愿意透漏实情，怕衙门的官员们听到，增加赋税。

肖克利所到各处和当地官员多有接触，特别是那些热心洋务的官员们。其中一位就是山西河东道杨宗濂，他管理河南、山西、陕西3省盐务，后来还升任山西布政使、按察使。河东是指黄河以东，山西运城和临汾一带。这里是清代有名的产盐地。盐业不是肖克利考察的重点，因此没有在他的报告中出现对该行业的描述，但这张盐场照片将当时制盐的情况非常生动地呈现了出来。

肖克利认为山西官方给出的煤铁产量数据并不可靠。肖克利对山西煤产量的估算是每年450万吨。德国地质学家李希霍芬 1870年到1872年间到山西勘测时，对山西每年铁产量的估算是14.5万吨。肖克利对山西1898年铁产量的估算是4.5万吨。泽州府官员曾经告诉他当地铁产量仅为30年前的1/4，按照该数字推算，李希霍芬当年对山西的铁产量并未高估。

福公司同一年还派出了一位土木工程师詹美生(Charles Davis Jameson)勘测地形，为修建铁路做准备。他考察了这一带后，认为修建铁路没有技术困难，因此建议第一条铁路以泽州府(晋城市)为起点，往南可以修到襄阳，从那里通过长江水系直通上海；往北可以修到怀庆府(河南省焦作市、济源市和新乡市一带)，向东再连接卫辉府(河南省新乡市和鹤壁市一带)，进而联通卫河直达天津。

1898年4月11日肖克利一行结束了在山西的勘测工作回到北京。下面这张图大致概括了他的这次行程：北京→正定县→平定县→寿阳县→太原府→潞安府(长治市)→荫城镇→高平县→大阳镇→泽州府→阳城县→翼城县→临汾→霍州县→灵石县→平遥县→祁县→太原→盂

山西河东道杨宗濂及儿子和孙子

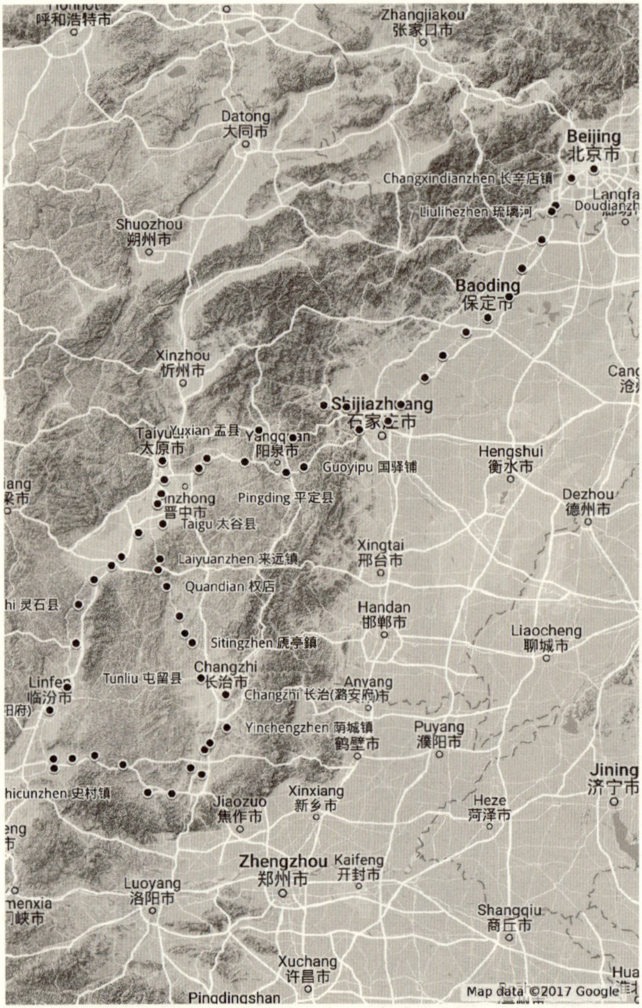

肖克利1989年山西之行线路图

县→正定县→北京。

1899年秋，肖克利离开中国。

(感谢杜克大学图书馆提供影像支持)

河东盐场

目澜洲印记

周德华

古镇盛泽不仅以丝绸物产闻名于世，其历史人文景观积淀亦甚丰厚。

昔时，镇区之西南濒盛泽荡，当地人称之为西白漾，为一广7 000亩之浅水湖荡，烟波浩渺，水质清澄，游鱼可数，春产莼菜，秋收菱藕。以往尚无高层建筑，西望太湖洞庭两山蛾眉含黛，尽收湖光山色之美。观日落则霞光满天，水面金波闪烁。渔舟唱晚，隐没于暝色之中。入夜则荻花枫月，箫声咽应。

数百年来，盛泽父老不仅善于经商创业，打造丝绸大镇，还善于因地制宜，开发风景文化资源，现为江苏省二级园林的目澜洲公园即是一例。

盛泽目澜洲公园是苏南最早的城市公园之一，原址为元代的古圆照庵。

元至元十四年(1277)，僧人善莹在西白漾东南建骨池庵，庵之南有莲花池，收存无钱买棺木贫苦人之尸骨于甏内，再营葬于池边。至正十四年(1345)前后，僧琇奏请惠宗赐额“圆照庵”。庵建于洲渚，四围皆水，波澜满目，因名目澜洲，至今600余年。

明代，吴中名士沈周、祝允明、文徵明、王宠、吴宽等曾游览目澜洲，并留下诗作。相传沈周初寓盛泽时曾武断易目澜洲为木澜洲，有“不若改木澜，字异音不夐”之句。然则里人哗然，作竹枝词加以反诘，词云：“骨池庵里驻名流，诗卷曾向玉带留，为恐观澜心不静，故教题作木澜洲。”石田先生再寓时，慢慢浏览细细品味，水景之美令其倾倒叫绝，后在其诗作中有“……开洲水中央，四面水如镜，忽然微风起，澜生水不静……”之佳句。自愧前次更名之不妥，乃又咏七绝一首：“目澜识是木澜洲，我梦时时一远游，今日问僧方证定，满家水竹似丹邱。”从此，目澜洲一名沿用至今。

南望目澜洲四面厅 (1930年代)

清末，僧众离散，庵堂破败，断垣残壁，目澜洲渐趋荒芜，成为流浪者栖身之所，有碍观瞻。

1930年，盛泽区公所接管整顿。1931年，盛泽区市政学会认为此处“空气清新，富有天然雅趣颇合市民休憩”，倡议辟为公园，当即成立筹备委员会主持开建事宜，然由于当年发生全国大水灾、沈阳“九一八”事变，翌年又有上海“一·二八”事变，工程暂时中止。时筹备委员会主任丁人和绸行少东丁趾祥以为工程已始而中止殊为可惜，乃私家垫款续建。对当年公办私助之义举，受到时任吴江县长王证澄的表彰。

鉴于原址曾是营葬尸骨之所，于是在平整土地之后先举行修禊仪式，市镇首脑、父老乡贤及佛教界人士20余人出席仪式超度亡灵。

建成后之目澜洲公园由一大一小两洲渚外加南面和西面的弧形长堤组成，长堤两岸

目澜洲公园初建时 园门及大树

南望目澜洲园门 (1930年代)

目澜残雪 (1940年代)

仿照杭州白堤广植柳桃，长堤之东端还保留一株三百余年的紫藤，虬枝盘根错节，仲春季节含蕊吐芳香溢满园。长堤及洲渚内外皆通水，内河广植荷花，夏秋可荡舟莲叶丛中，夜则欣赏荷塘月色。三座形制各异的朱栏曲桥连接长堤与洲渚。

园内建有一堂、一榭、二亭。主体建筑为圆照堂，继承古庵之名，为方方正正的西式建筑，落地长窗宽敞明亮，四边回廊连通。圆照堂俗称四面厅，曾是盛泽文士雅集之处，办过书画展览及戏曲活动，还曾用作阅览室及茶室。

目澜洲公园虽小，却是玲珑剔透，春花秋月，泛舟散步，四季咸宜，若是冬季雪后则银装素裹分外妖娆。那板桥朱栏雪落轻覆，红白相间。曲径之上屐痕错互，情趣盎然。旧时“目澜残雪”成为新盛泽八景之一。

目澜洲公园建成后因其风景秀美小巧玲珑而闻名吴中，也引起了沪上注意，1933年，苏(州)嘉(兴)公路通车后，上海中国旅行社在沪上报刊登载广告将“嘉兴一日游”延伸为“嘉兴二日游”，即第二天上午8时从嘉兴乘汽车到盛泽，游览目澜洲公园及西白漾，在镇上菜馆午餐，下午2时许返程。

目澜洲内女游客(1940年代)

目澜洲内小游客(1940年代)

目澜洲内游客(1940年代)

目澜洲扩建后之大门(1965年)

开园之际正值提倡新生活运动，自由恋爱之风渐起，目澜洲公园成为相亲初识的理想地点，定情拍订婚照者有之。镇上照相馆纷纷在园内设点外拍。四面厅前的草坪开阔，曾是拍摄集体照的理想景点，笔者1949年初中毕业集体照就在此拍摄。

然好景不长，盛泽沦陷后，目澜洲公园与镇区间筑炮楼，设检问所为隔，镇人无雅兴出示“良民证”去园赏景，以致八年荒芜，园景败落。说来也是报应，1945年8月下旬，

盛湖初级中学五届毕业照(1949.6)

抗日战争胜利之初，镇上头号汉奸戚麻子受惩，被铲下之首级悬于目澜洲园门前的梧桐树上，是夕，镇上万人空巷往观，大快人心，当年笔者12岁，记忆犹新。

1949年以后目澜洲公园经过几次扩建。现在面积已超过10万平方米，增添了不少新设施，成为大型城市公园。

盛泽籍评词艺术大师、已故上海评弹团团长刘天韵先生，在出道前常在黎明前至目澜洲公园吊嗓子练唱，声音清晰洪亮，在他诞辰90周年之际，刘天韵铜像安放于园内，并举行了盛大的纪念仪式，江浙沪评弹名家名票群集于此，共襄盛举。

近现代好多名人来游目澜洲如易君左、邵力子、柳亚子、范烟桥、沈雁冰、苏曼殊等，后者竟三度流连。2005年，著名学者张中行先生逝世前一年来到目澜洲，曾提问柳如是有否到过目澜洲？

狼牙山纪念塔旧事

刘丁丁

在河北省易县西南部有一座海拔1100多米的险峻山峰狼牙山。70多年前，在艰苦卓绝的抗日战争中，这里留下过一段可歌可泣、脍炙人口的英雄故事。故事主人公被人们称为“狼牙山五壮士”。

当年，狼牙山方圆数十里正处于晋察冀抗日根据地一分区腹地，杨成武时任一分区司令员。1941年9月24日清晨，2000多日伪军在飞机、大炮掩护下，突然向狼牙山地区包抄，被合围在狼牙山地区的地方党政机关和周围村庄的群众，竟达三四万人。为了掩护众人突出重围，杨成武司令员定下“围魏救赵”的方案，一分区一团七连担负起这个重任。

在七连牵制下，9月25日凌晨，突围队伍已经成功跳出狼牙山包围圈，而敌人却认为八路军主力部队被他们包围了，疯狂扑上山来。为了让突围的人走得更远，七连留下六班5名战士，在班长马保玉带领下，把几百个敌人引到悬崖绝路。班长马宝玉、副班长葛振林和战士胡德林、胡福才、宋学义，在战斗中打光了子弹、手榴弹，便用石头砸。他们在狼牙山棋盘坨顶峰，面对冲上来的鬼子，毫无惧色，砸烂了枪支，高呼口号，纵身跳下悬崖。跳崖后，马宝玉、胡德林、胡福才壮烈牺牲，葛振林、宋学义被悬崖上的树枝挂住，昏了过去。后来，被棋盘坨道观的李圆忠老道发现，并与八路军和老乡们将他俩救了下来。

1942年1月，在极端困难的条件下，党和边区政府为纪念三烈士的英雄业绩，决定建造一座“狼牙山三烈士塔”。分区司令员杨成武和政治委员罗元发非常关心三烈士塔的建造。罗元发亲自带领宣传科和总务科的同志到现场勘察，确定了在狼牙山棋盘坨顶峰三烈士跳崖的地方建造纪念塔。

左起宋学义、葛振林、李圆忠(老道)、一分区马夫(1942.4)

2月份，宣传科、总务科的同志遵照分区首长指示，又到现场研究制定建塔具体方案。根据当时的条件，决定就地取材，用山上的石头作为建塔的基本材料，并从边区政府调来了几十名民工和石匠。一切准备就绪，3月初开始施工兴建。

当时在施工中遇到了许多困难，首先就是民工的吃饭问题。那时缺衣少粮，老百姓把树叶、树皮都吃光了，为保证建塔工程顺利进行，边区政府想方设法为民工解决吃饭问题。再有，时逢大旱天气，山上没有水，民工就到离工地十几里远的山脚下找水，然后把水一桶一桶背上山。当然，石匠更是辛苦，他们将一块块巨石开采出来，精心雕琢成小方块，捆绑在山羊背上，牧羊人驱赶着“咩咩”叫的羊群，在乱石和荆棘中寻找着“路”，攀向棋盘坨。工匠们再把辗转背上山崖的石块一层层砌起来。

1942年夏，修建中的狼牙山三烈士塔(刘峰 摄)

1942年夏，修建中的狼牙山三烈士塔(刘峰 摄)

1942年夏，修建中的狼牙山三烈士塔(刘峰 摄)

就这样，一座高约5丈(足有3层楼高，呈四棱柱状)，柱顶为球状刻有五角星的三烈士塔，在根据地军民共同努力下，于9月底基本建成。总务科文印股长万一同志在塔身正面书写了“狼牙山三烈士塔”七个大字。塔身背面刻有纪念碑文和首长题词。聂荣臻司令员题词：“视死如归本革命军

1942年夏暮色降临到修建中的狼牙山三烈士塔上(刘峰 摄)

人应有精神 宁死不屈乃燕赵英雄光荣传统。”杨成武、罗元发、高鹏同志为马宝玉、胡德林、胡福才三烈士写的纪念碑文镶嵌在南面围墙中间。10月初，分区举行了纪念塔落成典礼，当地军民三四百人参加大会。分区政治部主任王建忠同志在会上讲了话。

我父亲刘峰是这支英雄部队的摄影记者， 1939年6月他参加八路军，同年底调到一分区政治部任摄影员。在狼牙山三烈士塔修建期间，他用手中的相机，拍摄了3张十分珍贵的纪念塔雏形照片，分别为纪念塔近景、远景和夜景。在近景图片中，可以清楚地看到，军民修建纪念塔时的劳作场面；远景图片反映出纪念塔修建位置的险峻场景；夜色朦胧那张依稀可见仍在修建纪念塔的军民。1942年9月，纪念塔基本建成后，父亲又拍摄了一张建成后的狼牙山三烈士塔近景，看上去肃穆庄重，正面题字和侧面嵌入的碑文，清晰可见。在10月的纪念塔落成典礼上，父亲拍摄了纪念活动场面，记录下八路军和老百姓用半年时间修建起的这座纪念塔全景。屹立在狼牙山棋盘坨之巅的这座纪念塔，在蓝天

1942年10月狼牙山三烈士塔落成典礼(刘峰 摄)

狼牙山三烈士

山三烈士塔

刘峰在行军中采访

白云映衬下，显得格外雄伟，八路军战士们庄严伫立于塔下，既是对烈士们的缅怀，又彰显出不畏敌寇的气概。

三烈士塔落成后巍巍耸立在狼牙山上，鼓舞着晋察冀根据地广大军民抗日到底的决心。正因如此，也让日本侵略军怕得要死，恨得要命，朝夕不安地想摧毁它。纪念塔建成一年后，1943年9月，日寇再次向晋察冀边区进行大“扫荡”，并专门架起了山炮，对准“狼牙山三烈士塔”猛烈轰击，将纪念塔击毁。我父亲1942年拍摄的这5张图片，也成为仅存的见证当年狼牙山三烈士塔修建与落成的历史影像，成为人们回望往昔最真实的图景。

解放后父亲调入《解放军画报》社，继续他的军旅摄影生涯。1955年，他带着内心深厚的“狼牙山情结”，又一次踏上那片土地，拍摄了“再访狼牙山”专题报道(刊登在1955

1942年9月，狼牙山三烈士塔落成(刘峰 摄)

年9月总第54期《解放军画报》上)。那次再访，了却了那些时常让他牵挂着的事情，乡亲、房东、孩子们，还有活下来的英雄，他们的生活渐渐富裕起来了。然而，那座当年被日寇摧毁的狼牙山三烈士塔，当时还是一片废墟。

1986年重新建造的狼牙山第三代纪念塔(刘兰兰摄于2016年8月)

直到1959年，易县人民委员会为纪念五壮士的英雄业绩，传承他们的革命精神，重修了纪念塔。聂荣臻同志题写了“狼牙山五勇士纪念塔”的塔名。

据记载，重建的纪念塔为砂石水泥筑成，呈空心五棱五层(应当与最初的纪念塔有差异)，塔高5丈7尺，塔基周长8.8丈，塔坐北向南，两边分建五角亭各1个，亭内设有五角石桌各1个，石桌周围设有石鼓座5个，纪念塔东西各有盘道，周围有漏花墙，墙下有月台、牌楼，牌楼的东、南面各有一个小花园。看来，二代纪念塔讲究了许多。

由于工作繁忙，父亲没有机会再次重返狼牙山，或许这是他的一个遗憾。他把当年艰苦条件下拍摄的5张狼牙山纪念塔的小照片，粘贴在一本相册中。时值1966年底，“文化大革命”中兴起了大串联，一天，父亲十分郑重地对我说：你该徒步去狼牙山看看，这是受革命传统教育的“串联”，对你更有意义。当时只有16岁的我，面带难色，认为困难挺多。父亲看出我的心思说：女孩子还是要找几个伴儿，不要走夜路。同时，他十分细致地为我绘制了一张“行军”路线图，并注明停留住店的地点。

在我确认班上的几名同学愿意一同前往时，父亲很高兴，他找出一张老照片，指着上面的大妈告诉我，这是当年他的房东(说了她的名字，因年代久远，已记不得了)，让我到狼牙山后设法找到那位大妈，带去他的问候。他关照的第二件事就是一定要登上棋盘坨顶峰，看看那座二代纪念塔，向牺牲了的烈士们送去一份缅怀。

在我提笔回忆这段往事的时候，时间已经过去半个世纪了，从豆蔻年华到花甲之年，对于每个人来说，记忆都会出现残缺，然而，最刻骨铭心的一段，会永久沉淀下来。也许，我

1966年12月，笔者在第二代狼牙山纪念塔下

难以回忆起那为时一周，徒步往返狼牙山“串联”的全部细节，但我清楚记得，进入狼牙山区后，只要看到老乡，我就会掏出父亲房东的照片，打听这位大妈。但答复我的要么是“不认识”，要么索性只是摇头。在狼牙山半山腰住的那晚，天色很黑，仅有的一户老乡家，破旧的房屋四面透风，屋里点燃着的一盏煤油灯，昏暗极了。我又一次掏出那张照片，向老乡讲述了父亲的嘱托，然而，那对中年夫妇认真端详照片之后，仍然遗憾地摇摇头。

那晚，山里很冷，透过破损的窗户纸，可以看到窗外的星斗。我们和衣躺下，冷得难以入睡。没有找到父亲当年的房东，拍摄五壮士纪念塔，就成为我必须完成的任务了。第二天一大早，我们开始“挺近”棋盘坨顶峰。那真是完全没有像样的路，所谓羊肠小道就是凸起的石壁加陡坡。在离顶峰百米左右的高度，眼前是绝壁，我们深知，没有向导是上不去的。于是我们在能站住脚的位置，每人留下了一张与远远地、高高地矗立山顶的“狼牙山五勇士塔”的珍贵“合影”。

返回家中后，我向父亲讲述了徒步串联狼牙山的全过程。对于没有找到房东大娘，他只是喃喃地说了声：“大娘也许过世了。”而后，我拿出了一个胶卷给他，告诉他胶卷里的内容，说明了为什么没有登顶的缘由，他点点头说：“棋盘坨是很险的。”两天后，父亲拿着几张洗好的照片，高兴地说：“看到五壮士纪念塔了。你把其他同学的照片转给她们吧。”我并没有太多的兴奋，因为那张照片上的人物与纪念塔实在是很难有完美的构图。

渐渐地这张照片淡出了我的记忆，直到在整理父亲遗物时，意外发现他竟然保留了那张底片，看着它我泪水浸湿眼眶，往事并不如烟……

后来听说第二代狼牙山五勇士塔在“文化大革命”中遭到破坏。或许，我在1966年底所见到的是它最后的样子，虽看不清细节，却也留了个念想吧。

1986年，河北省委、省政府再次拨出专款，第三次修建“狼牙山五勇士纪念塔”。于1986年3月16日正式破土动工，历时6个月零10天竣工。在1986年9月25日，狼牙山战斗45周年纪念日，举行了“狼牙山五勇士纪念塔”落成典礼仪式。

2002年夏季，我所在工作单位组织党员前往狼牙山，开展红色教育，这让我有了再上狼牙山的一次经历。时隔36年，徒步上山的道路几经开凿，已比我第一次攀登时宽阔了许多，险峻之处还有石梯扶廊，虽仍然陡峭，但完全可以坚持登顶。这回我徒步上去了，还了一个两代人的心愿。

重建后的纪念塔呈乳黄色，全部是钢筋混凝土结构，新塔占地69平方米，底座直径3.06米，塔高21.5米，塔身五层，呈正五边形，塔顶设凉亭式黄琉璃瓦塔帽，塔身正面(南面)嵌有聂荣臻题写的“狼牙山五勇士纪念塔”九个金黄色大字，五勇士浮雕像镶嵌在与塔底层同高的一面汉白玉旗上。当年(1942年4月)，杨成武、罗元发、高鹏同志为马宝玉、胡德林、胡福才三烈士写的纪念碑文也镶嵌在南面围墙中间。第三代纪念塔与第一、第二代相比，算是“高大上”了。其实，给英雄们一个更好的安眠之地，无可厚非。

在与塔底层相连向东还建有一条碑廊，碑廊东端是一个碑亭，亭内有一座六棱大理石碑，碑上刻有彭真、聂荣臻、杨成武、刘澜涛、陈正湘、史进前等12位当年在这里战斗过的老一辈革命家的题词，这些对五壮士的纪念题词也将随之流传青史。

狼牙山三烈士塔碑文

民国三十年秋，日寇大举扫荡边区，九月二十五日，以二千五百之众，陆空配合，围攻狼牙山我一团七连六班，班长马宝玉同志奉命率胡德林、胡福才、葛振林、宋学义四同志与寇对敌于棋盘陀险峰之上。日寇攻势极为凶猛，炮火连天，烟云迷空，我五勇士以一敌百，坦然不惧，击退敌人四次冲锋，毙敌五十余，激战五小时，阵地屹立，寇兵难越，最后弹药尽绝无法应战，誓不以革命之躯见辱于倭寇，故将枪摔坏，相继跳身崖下。崖高万丈，五身飘堕，壮志激发，就此成仁，西风为之悲鸣，流泉为之洒泪，马宝玉、胡德林、胡福才三同志即殉难。葛振林、宋学义二同志被半崖树木遮挂，幸未碎身。日寇苦战竟日，死伤累累，登山一望瞠目心惊。须臾间，又中我予埋之地雷轰然巨响，大佐以下八十余名尽为灰烬也。风萧萧兮易水寒，壮士一去兮不复还，呜呼三壮士已战死矣！幸而存者继续为人民战斗。我军对民族之忠贞，坚信我民族之不可被战胜，也奉军区首长令，谨树此碑，以志不朽！

晋察冀军区第一分区

司令员　杨成武

政　委　罗元发

副司令员　高 鹏

民国 三十一年 四月

名园·祖屋·芙蓉园

柯 午

福州鼓楼区的三坊七巷闻名遐迩，其中的安泰河墘朱紫坊，有条狭窄的花园巷，巷内有条稍宽一些的花园弄，这里的23号便是福州名园，我家的祖屋芙蓉园。

芙蓉园有悠久的历史，有史记载的第一主人是宋朝参政知事陈韡。他一生抗金、平乱、赈灾，给芙蓉园写下了光辉的第一笔。1277年，大约是陈知事去世后15年，南宋王朝结束，接下来是九十多年的元朝统治，福州城沉浸在备受歧视的风雨中，芙蓉园几成废园。至明朝，她的荒凉与沧桑触动了福州文化人的思古之情，其时一代文化名流——著名诗人傅汝舟尝移居于此，使她若显生机。让芙蓉园焕发青春的豪杰是明末两任首辅叶向高。叶相第一次卸任宅居福州期间，以从江南购置大量的太湖石装扮构筑的芙蓉园，足可与苏州园林相媲美。叶相以后的几百年，让芙蓉园再次得以容光焕发的是清末福州名宦兼藏书家、企业家龚易图。龚先生以大手笔复兴了芙蓉园，使她成为福州四大名园之一。但好景不长，嗣后由于政局动荡，福州城不景气，芙蓉园也随之破落，但仍在龚家管辖之下。直至我爷爷于1940年买受自龚家。

我爷爷一生酷爱传统文化，喜欢收藏。1940年倾一生家财，从龚家买得芙蓉园，为此，他欣慰又自豪。其时的芙蓉园“破败不堪，池里尽是杂物，臭如水沟”我的姑妈柯维森这样说，那时她虚岁20。很快，园林和楼阁的修复工作紧锣密鼓开始了。爷爷是总指挥，是工程师又是打捞工和搬运工……为了省钱他什么都肯做。儿子尚未成年，唯一的亲哥哥已经去世多年，没有得力的人可以帮他。工程先从改造靠近大门的木桥开始，把年久失修的木板桥改成石桥。有了坚固的桥，白云精舍、藏书楼、仙人旧馆，武陵别墅等才可以放心开工。某

芙蓉园南池一角，水中有石龟，与对面池中石蛇相望(1953)

姑妈20岁时在芙蓉园南院的石板桥上

日，一个石农(卖假山石的)告诉我爷爷，说他昨天做了个梦，梦见有一条龙想住到园子里，然后就变成一块形似龙头的假山。爷爷大喜，遂花重金购得此石，置于后院。

姑妈曾回忆，柯家前辈在修复园子的那一长段时间里是怎样辛劳又节俭过日子的。爷爷和奶奶每天天没亮起床忙到晚，年轻人也都得早早起床，或读书或帮做事，一天也不敢睡懒觉。过日子能省就省，一家人穿的衣服，除了要出门应酬撑场面的，其余居家穿用全是奶奶亲自动手。吃得能饱就行，从不花钱买水果。原来，我三个表哥不吃水果，就是姑妈少女时代在娘家修园子时养成的习惯传下来的。当时园子里除了住我爷爷一家，还有几个春馨店伙计。每天晚上开饭时就热闹了，一家人和伙计们照例要开两个八仙桌。但是不管谁，吃第一碗饭都只能夹素菜下饭，第二碗才可以夹荤菜。经过几年的努力，园子逐渐展现她的美丽风姿。

回想着母亲和年长亲友们对她的深情描述，此时我仿佛置身于园子昔日美景之中。

在门厅面对庭院，右手边一棵高大挺拔的松树，像一个威严的卫士默默守护着园子的安宁。站在大树下环顾，掩映在绿丛中的假山雪洞，亭台水榭及至居舍，倒映在清澈的池

白云精舍

小泊台与苍霞仙馆.

南池岁寒亭

祖母念经的仙爷楼

爷爷在白云精舍内

水中，和水中的蓝天白云共同荡漾在微风中，宛如一幅巨大的风景画卷展现在眼前。

对着大门口，隔着门厅是一条弯曲的走廊，走廊临池的一边有小排美人靠供访客休憩。沿着走廊踏上石砌廊桥，可以近距离观察石桥两边池上景物。在这约30米宽的前院，池前朝南正面三间排的明式古屋“白云精舍”，曾是爷爷的书房和休息会客之所；书房东边有小泊台突出水面，台上有一间名曰“苍霞仙馆”的玲珑小屋，小屋边上的石桌石椅似乎在等待泛舟倦返的游人。书房一排的南边隔着简朴的栏杆是一汪静静的池塘，这是园子的南池。池东南西三面被精美的太湖石假山环绕，假山参差盘曲，草木葱翠，幽荫非常。

山下有洞蜿蜒而伸，有三两个洞口可供出入。假山西高东低，西边的小山上有一四方亭，名曰“岁寒亭”，亭内可以俯瞰整个南池。池中有石龟、石蛇遥隔相望，又似乎在等待机会跃入水中与活泼多彩的金鱼共嬉戏。

伯母和她的同学在后花园

白云精舍后面隔着小天井穿过大门，便是园子正座。这里有高墙和宽敞的前天井与前院隔开。正座有两层，下层有作卧室起居的三间排，有前后厅左右两墙弄及后天井两边的耳房。上层雕栏花窗古朴典雅，面积结构略似底层，就是多了跨于前天井之上左右两边数米长的狭长廊屋。以前，这里叠满的一箱箱古书直达天花板，和正屋墙道的书箱相连，是名副其实的藏书楼。当年藏书楼还是老一辈的定心丸。他们在楼梯口设了佛龛，提防着万一日本鬼子来捣乱，女眷们有个躲藏的地方。至于解放前福州常闹的洪水，有了二楼则足以暂避灾难。

白云精舍和正座之间的东边有一道中门通向“武陵别墅”。这是单檐歇山顶的三间排正屋，有前后房前后厅，南北向都有天井以流通空气。屋廊前有一溜古色古香的美人靠，院子里有据传是当年叶相手植的荔枝树。当年树上果实晶莹玲珑，香甜可口，至今还有老乡里记得每到收获，老祖母往往欣喜地分津于邻里小孩。直到“文革”前，我父母还尝过她的美味。可惜近几十年来，这棵几百年老树为嘈杂的院子所累，不为人赏识，依赖天年而苟延。我祈愿有一天有专家能手为她整治施肥，使她能奉献出精美的硕果，回报大自然所给予生命的恩赐。在这荔枝树下，透过南边雕墙的空隙，可以隐隐约约看到前院的假山绿丛，而前院也可以透过这雕墙依稀分辨出花影婆娑中的红窗曲栏，别有一番景致。

芙蓉园南池东部，坐者为姑妈

后花园的石台、石桌、石椅.

顺着武陵别墅边上的甬道往北走，跨进一道小门，就是后花园的门厅。门厅被高墙和太湖石假山包围，如石窟般阴凉深邃。“石窟”上方有双层阁楼，是奶奶在世时天天登临膜拜的仙爷楼。门厅另有两门，一通“仙人旧馆”，一通花厅的院子。“仙人旧馆”向门厅一方有门匾“棋墅”，至今尚存。或许，这里就是先前哪位喜欢围棋的主人休闲时下棋的地方，我不知其来历，却不由地联想到园子曾经的主人——叶相。喜爱围棋的叶相，棋艺高强，苦无对手。一次出公差路过无锡，得暇觅到对手下围棋。没想到竟然三次败给了当地童子过百龄。后来，叶相进京后和棋友提及此事，他便有了“弈中第二”之誉。又，有记载万历二十七年(1599)，叶相在南京任礼部右侍郎时，结识了意大利天主教传教士利玛窦，并与之切磋围棋技艺。后来利玛窦在《利玛窦中国记忆》一书中，对中国围棋之事作了记载。这些文字是欧洲历史上，第一次中国围棋的记录。此两件事，我不仅见识“宰相肚里可撑船”的肚量，还感受到世界上文化的交流有时就是这样在不经意之间发生的。

花厅的院子里假山群缘东墙兀立，靠北头有一孤峰拔地，上铭“芙蓉别岛”。这里重岩积秀，奇石错落有致，山上兀立多个太湖石，宛如孤峰拔地参差耸峙，有“文笔临空”“方壶居士”“浮邱伯”“笋峰”等镌刻，诸峰形态各异，引人遐思。“芙蓉别岛”南头假山上半边靠

姑妈、伯母、堂兄、堂姐合照于南池

爸爸和姑妈在月宫门前

墙的弓亭，隔着山下的月门与仙爷楼玲珑相望。山下面有“栖霞洞”逶迤盘曲于山腹中，洞里凉风习习，这里和白云精舍前的山洞都是孩子们喜欢的又一去处。山脚下池水深深，有涓涓泉水从池底冒出，常有游鱼到此打转嬉乐。池上有小石桥连接仙人旧馆与山下的栖霞洞。

从仙人旧馆的另一门出来，迎面是精美的镇园太湖石“波罗牙”。波罗牙有一围坐十来人的圆桌那么大，像一个神仙巨大的手掌。掌心上密密麻麻的凹凸形成一尊略似佛陀达摩的形状，给人以神秘的遐想，被称“达摩面壁”。让这块巨石降临福州的是明朝内阁首辅叶向高。其时朝臣党争激烈，万历却疏于上朝。由于所提的建议常常不被皇帝采纳，叶向高深感自己无能为力，只好辞官回乡。后来，到天启皇帝再次任命叶相为内阁首辅。此时魏忠贤出任司礼秉笔太监，极受宠信，专断国政。叶相不得不一面周旋于魏阉及党争之间，苦苦支撑摇摇欲坠的大明统治，一面频频上递辞呈。终于在天启四年(1624)，叶向高获准致仕回乡。叶相初次辞官从京都归来之时，着意顺路购买了大量太湖石，从海路入闽

姑姑在后花园石台前留影，台上四角有两对石狮，立面刻的不知是龙还是麒麟的神兽

父亲和姑妈合影(1953)

旧时居住在芙蓉园的亲人。后排站立者是我父亲姑妈和伯母(右起)。前排戴鸭舌帽者是伯父。中央老者是奶奶，她左边为伯祖母，最前面两个儿童分别是堂哥和堂姐

装点芙蓉园。其中最大的就是这块“波罗牙”。波罗牙从那时起稳稳镇宅几百年，见证了园子的沧桑。当年“波罗牙”被工人抬过南门的瓮城城门时，不小心压断了一条石门槛，叶相因此赔了三百两银子。“损坏东西要赔”的社会公德虽然自古就有，但在当时的高官能这样做却不多见。这令人敬佩的人和事至今仍不失为美谈。叶相第二次辞官回乡，遇到正在杭州布道意大利传教士艾儒略，便邀请他来福州。后来艾儒略所著《三山论学》就是记载他们在芙蓉园争辩关于儒家思想和基督教义的对话，在中西思想文化交流史上留下重要的一页，也为芙蓉园增加一点墨香。

在这座古老美丽的宅邸住过的已知名人中，除了叶相，令我深记的还有清末的朝廷官员，企业家，藏书家——龚易图先生。他们两位对这座千年古宅的复兴功不可没。而我爷爷柯钟英有幸在龚易图之后为这座古建筑尽力，让她再次焕发青春，为子孙留下珍贵的文化遗产。

购进芙蓉园后，我爷爷紧锣密鼓地为她的复兴苦心经营，经过几年的努力，才逐渐展现巧夺天工的美妙景观。

前院，古朴幽雅的白云精舍前，清澈的池水里一群红色锦鲤追逐嬉戏，让苍苍翠微的倒影不时涌动。池边那龟，那蛇，伸长了脖子，似乎要跃入水中与小鱼共沐天光倩影。隔着悠悠的池水，环抱精舍的亭台楼阁山石水桥，掩映在绿色丛中互为衬托，宛若天开，情趣盎然。移植来的香樟树不觉已经三年，笔直的树干像忠诚的卫士执着地守卫在石桥旁。

从山洞似的阁楼底层进入后院，第一眼便会看到沿着山墙豁然而现的一排俊秀假山。

山下丘壑宛转涧水潜流，清幽宁静别有洞天。月门傍着的两层仙爷楼矗立于假山石上，隐没在老树浓阴中，与月门另一边的弓亭相呼应。这里层台叠翠，飞阁翔丹，众多小鸟在浓荫中搭了安乐窝，有“留连戏蝶时时舞，自在娇莺恰恰啼”，爷爷喜欢这儿。姑妈回忆，夏日傍晚爷爷收工后，常常坐在石桥栏杆上，静听鸟儿欢叫。一次姑妈来请爷爷吃晚饭，顺口说“听鸟叫不如听留声机”。爷爷笑着说：“我爱听鸟说话。”会听鸟话？她有些蒙了，驻足听父亲解说。爷爷挺认真地小声在她耳边说：“鸟妈妈告诉小鸟你已经长大，我要给你找个婆家。”姑妈知道是影射自己，臊得连忙跑开。听说爷爷平时很严肃，不苟言笑，那天大概芙蓉园修整得差不多了，心情好，竟然跟女儿开起了玩笑。这玩笑在姑妈心中留下了永久的温馨。

记得小时候，父亲曾对我说过后院的月门。说月门后小屋的窗玻璃映照着园子的水光翠色，有时会有糊涂的小鸟误撞了玻璃而晕厥，甚至丧生，其中最让人怜惜的是浑身蓝绿色的翠鸟。爷爷信佛不杀生，也许守在桥栏边是为了拯救那些迷失方向的小鸟。

可惜好景不长，购进芙蓉园的第二年，即1941年4月21日寇进攻福州，与守军激烈交火，日寇派出飞机轰炸福州，一颗炸弹扔在学府弄(今延安中学旁)，把我家一块假山石震落池中。为了打捞它，爷爷与工人一起长时间站在寒冷的水中。积劳的爷爷经不起这一击，就此开始得了慢性病，只好一边服药一边仍然要管理园子的修葺事务，非常辛苦劳累。人毕竟不是铁打的，后来爷爷转为肺病，一天辛苦下来，有时竟致咳血。但他是家中的尊长，又是要强的人，不听劝阻，仍然倾力于园子的修缮，别人管理不放心。岁月荏苒，几年后爷爷沉疴日深，医药无效，卧床约两个星期便撒手西去，年仅54岁，购置芙蓉园才7年，可说是为芙蓉园尽力到生命的最后。

爷爷以一个普通百姓，慧眼赏识这饱函文化韵味的古园林，为恢复她的朗朗生机，殚精竭虑倾尽所有，作为孙子的我怎不深深缅怀。爷爷去世时，小泊台尚未完全修复。幸亏他生前与省立医院赵院长有约，让院长住在园子里免缴房租，但院长要助他修缮好小泊台。看着静静守候在水池边的美丽的小泊台老照片，不禁让人对这位重义守信的赵院长肃然起敬。

爷爷去世后家道中落。1951年起，芙蓉园部分租给福建省及福州市国民党革命委员会(下称民革)办公。1958年起该部分房屋由房管部门经租，返还少量租金。起初双方相处良好，后来关系逐渐生隙。有人欺我家人单势薄，逐渐蚕食我家私房用地，甚至擅自拆除藏书楼的走廊。当时我表哥年幼不懂事，民革在厅堂开会时他常在旁边木地板上跑来跑去，引起嘭嘭嘭巨响。有人趁我家大人不在跟前，有时推搡(打)我当时尚年幼的表哥，有一次甚至想把我大表哥推到池里。此举，不外是逼我家搬走而独占此屋。为了讨回被无理占去的房子，我家多次向他们及房管部门提出交涉，均无果。

1966年“文革”开始，芙蓉园从此饱受厄运。先是邻近的福州五中和女子中学红卫兵来到芙蓉园，冲击民革，可城门失火，殃及池鱼。民革为了保护自己，编造名目在我家贴了大字报，红卫兵在冲击民革机关时，也顺便抄了我们家。爷爷收藏的文物古玩被抄走了，父亲的私塾老师清末举人陈海鳌赠送的几十箱其批注的典籍，被运到孔庙前燃成灰烬，我爸爸柯子云当时尚年轻，在火堆旁陪同“烧烤”。姑妈因所在粮店的党支部书记极力保护而免于享受“夏日陪烤”的待遇。后来，民革被勒令搬到统战部，不同名号的红卫兵，造反派，占住房屋设为总部，常常在这里开会跳“忠”字舞，搞得昏天暗地，鸡犬不宁。当时我还未出世，哥哥尚在襁褓，为了安全我父母只好挤住在衣锦坊的外婆家。房管部门趁我父母外出之际撬开我家门锁，扔掉家具。

1969年，房管部门接管了民革退出的房子，在园子里见缝插针地搭盖了多间简易住房，竟然又顺手牵羊占去我家自用住房，把厅堂隔成数间。同年，因为要兴建毛主席巨像，五一广场附近居民响应号召，无条件向政府献出自己的住房和地皮以供扩建五一广场并建造当时风行全国的领袖巨像。这些人没了住处，房管部门就把他们安排住进民间稍微宽敞的大院，芙蓉园也不能幸免，从此美丽的芙蓉园变成了大杂院，其间我家的家私杂物，园子里的无数名贵花盆均告失踪。至我出生，时局也稍平定，却有家归不得。

20世纪70年代初，福州市复建西湖，园林处搬走园里大部分假山石，房管局在留下的空地上搭盖了更多的杂屋。

说起芙蓉园不由让人联想起许多关于她的往事，有美丽的也有辛酸的，但是都已经成为历史。2006年芙蓉园被国务院公布为国家级文物保护单位。2012年10月福州市人民政府公布了“芙蓉园保护修复工程”方案。芙蓉园曾经的主人叶向高宰相一生敬佛的，他在福州北峰岭头乡林阳寺留下一对楹联“安知往世君非 佛想是前生我亦僧”至今犹存。但愿芙蓉园的今生能比她的往世更加美好。

(唐希老师对本文写作曾提出建议，特此致谢)

八十年前的公共卫生考察

黄珊琦

1936年11月，38岁的湖南长沙仁术医院院长、湖南红十字会副会长、私立仁术护士学校校长李启盘(1923年毕业于湘雅医学专门学校)启程赴南京，参加民国政府卫生署第一届公共卫生人员训练所特别医师班，进修三个月。其间，他用随身携带的照相机记录下很多活动，为后人留下了抗战爆发前中国公共卫生事业的珍贵痕迹。

该训练所归民国政府卫生署领导，设在南京黄埔路1号卫生署附近，训练所的主要经费由美国罗氏基金会捐助，以培训和传播公共卫生与预防医学知识为目的。训练所设有特别医师班、公共卫生医师班、公共卫生护士班、妇幼卫生班、卫生稽查班等。学员一律享受助学金，由各省医院、卫生院于在职人员中选送，训练为期约三个月至半年。

进修期间，上课和赴各地参观的时间各半。特别医师班的同学多系年老和高级医师，有谢保灵、邓一韪(1922年考入湘雅医学专门学校医预科，1924年升入湘雅医学专门学校医本科，因1927年湘雅停办而肄业，后毕业于中央大学医学院，1943年7月接任湖南省卫生实验处处长，1946年4月辞职，赴美进修，1947年9月回国受聘湘雅医院，1948~1958年任湘雅医院院长)、周振、林竟成(1933年毕业于同济大学医学院，1934年担任江苏省立卫生事务所防疫科科长)、王君纲、孔骐、武培育、张仓祥等二十余人。教员中有朱章庚、张炳瑞、杨铭鼎、过祖源等。

朱章庚1929年于北京协和医学院毕业后，分配到北京第一区卫生事务所从事学校卫生工作。1930年，朱章赓被卫生署调到上海市卫生局，协助李廷安办理全市学校的卫生工作。半年后，又被调到上海浦东高桥乡村卫生实验区。1931年被调至南京卫生局任医务保

卫生署第一届公共卫生医师特别研究班全体摄影(1936.11)

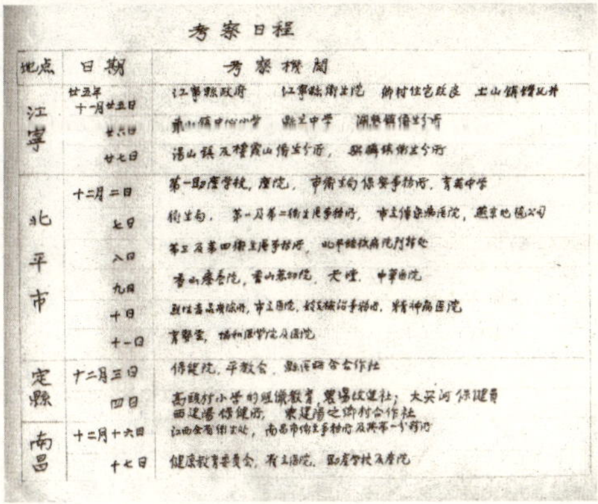

考察日程

地點	日期	考察機關
江寧	廿五年十一月廿五日	江寧縣政府 江寧縣衛生院 鄉村住宅改良 土山鎮標準井
	廿六日	東山鎮中心小學 縣立中學 湖熟鎮衛生分所
	廿七日	湯山鎮及棲霞山衛生分所，淳化鎮衛生分所
北平市	十二月二日	第一助產學校，產院，市衛生局保嬰事務所，育英中學
	七日	衛生局，第一及第二衛生區事務所，市立傳染病醫院，燕京地毯公司
	八日	第三及第四衛生區事務所，北平結核病院門診處
	九日	香山療養院，香山慈幼院，天壇，中華醫院
	十日	戒煙毒品療治所，市立醫院，婦嬰保健事務所，精神病醫院
	十一日	育嬰堂，協和醫學院及醫院
定縣	十二月三日	保健院，平教會，縣[illegible]合作社
	四日	高頭村小學的組織教育，農場改進社；大吳河保健員 西建陽保健所，東建陽之鄉村合作社
南昌	十二月十六日	江西全省衛生處，南昌市衛生事務所及其第一分所
	十七日	健康教育委員會，省立醫院，助產學校及產院

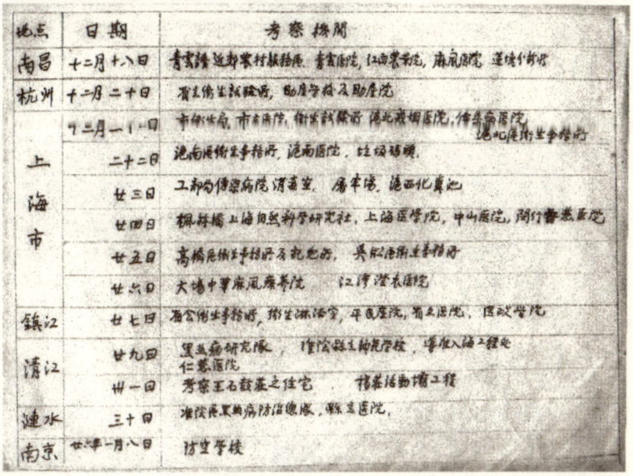

地點	日期	考察機關
南昌	十二月十八日	青雲譜近郊農村服務處，青雲醫院，江西農業院，麻風醫院 蓮塘分所
杭州	十二月二十日	省立衛生試驗所，助產學校及助產院
上海市	十二月二十一日	市衛生局，市立醫院，衛生試驗所，滬北戒烟醫院，傳染病醫院，滬北區衛生事務所
	二十二日	滬南區衛生事務所，滬南醫院，垃圾碼頭
	廿三日	工部局傳染病院消毒室，屠宰場，滬西化糞池
	廿四日	楓林橋上海自然科學研究社，上海醫學院，中山醫院，閘行普慈醫院
	廿五日	高橋區衛生事務所及試驗所，吳淞區衛生事務所
	廿六日	大場中華麻風療養院 江灣澄衷醫院
鎮江	廿七日	省會衛生事務所，衛生淋浴室，平民產院，省立醫院，醫政學院
清江	廿九日	黑熱病研究隊，淮陰縣立師範學校，導淮入海工程處 仁慈醫院
	卅一日	考察王石[illegible]之住宅 [illegible]工程
漣水	三十日	淮陰區黑熱病防治總隊，縣立醫院
南京	廿六年一月八日	防空學校

考察日程

南京风景.栖霞山古寺(1936.11.27)

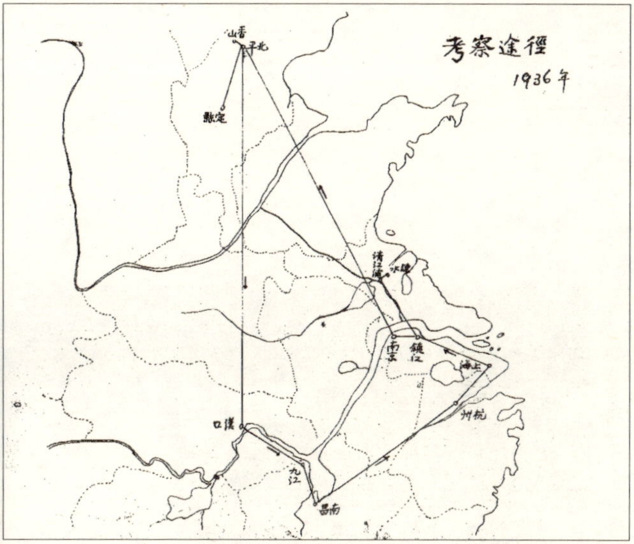

考察途径(1936－1937)

健科科长。不久调任南京市第一卫生事务所所长，指导全市环境卫生工作。1932年调往卫生署中央卫生实验处卫生教育科任主任。同年9月，被派往美国耶鲁大学进修公共卫生学科，获得美国洛氏国际奖学基金会提供的奖学金。1933年赴欧洲各国和苏联考察公共卫生、卫生行政与保健设施。1934年获耶鲁大学公共卫生系博士学位。5月回国，继任中央卫生实验处卫生教育科主任。

杨铭鼎，1934年任南京国民政府军医署驻赣办事处卫生工程组主任。1934~1941年任南京国民政府卫生署荐任技士，兼南京、贵阳卫生署公共卫生人员训练所教务主任。

过祖源，1932年任卫生署中央卫生实验院环境卫生系工程师，协助美国顾问办理卫生工程设计和教育工作。1934年被派赴美国北卡罗来纳大学研究生院进修，1935年，获该校土木工程硕士学位。回国后仍在卫生署

北平第一助产学校(1936.12.2)

中央卫生实验院工作，任卫生工程系主任。

这些教师除了传授专业知识外，其人脉关系也为后续的参观考察带来不少便利。有不少参观点都系他们原来任职过，可以提供方便。进修课程有工业卫生、妇幼卫生、饮食卫生、环境卫生、农村卫生、传染病管理、生命统计、卫生宣传、健康教育等。清早还有军

定县平民教育促进会之外观(1936.12.3)

事体操一小时。

训练所主任张维，湘雅医学专门学校1916~1924年的学生。1919年，“五四运动”波及湖南时，张维任湖南学生联合会会长，毛泽东任湖南学生联合会文牍股干事。赴各地参观多由教员张炳瑞领队。

定县平民教育促进会合影(1936.12.3)

定县保健院合影(1936.12.3)

定县平教会工作.定县乡村之组织教育(1936.12.3)

坐驴车下乡(1936.12.3)

定县保健院之巡回展览车(1936.12.3)

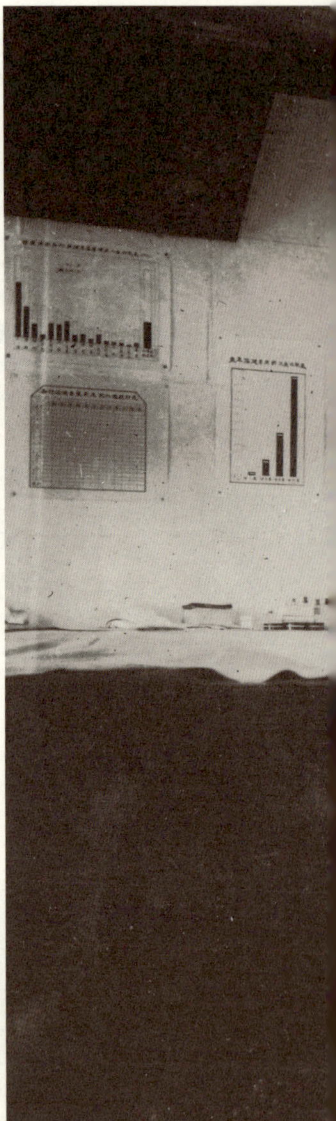

定县街旁之吃水井(1936.12.4)

定州车站之蒙古人(1936.12.4)

定县西建阳村之保健所(1936.12.4)

林竟成(定县, 1936.12.3)

定县之乡村保健员(1936.12.4)

西建阳村之保健所(1936.12.4)

李启盘在北京市政府卫生局(1936.12.7)

北平结核病院门诊处

1936年11月25日至27日，考察团在南京附近的江宁参观考察。25日，参观了江宁县政府，江宁县卫生院，乡村住宅改良，土山镇钻孔井；26日，又考察了东山镇中心小学，县立中学，湖熟镇卫生分所；27日，考察团参观了汤山镇及栖霞山卫生分所和栖霞古寺以及麒麟镇卫生分所。

结束在江宁的考察后，考察团沿津浦铁路乘车北上，赴北平考察。

1936年12月2日，考察团抵北平后，首先参观第一助产学校(该校1929年建于北平。临时校址在灯市口71号，有民房44间，略加修缮，学校随即成立并开始招生，是年11月6日正式开课。1931年，学校迁入交道口南大街和麒麟碑胡同新校舍，有三层新楼一座，另有6个院落，大小房屋117间，以及水塔一座。当时学校定名为“教育部、卫生部合组助产教育委员会附设第一助产学校”，后来改为

北平市立戒烟医院(1936.12.10)

北平香山疗养院(1936.12.9)

北平协和医学院(1936.12.11)

北平香山慈幼院(1936.12.9)

北平市立戒烟医院(1936.12.10)

北平育婴堂(1936.12.11)

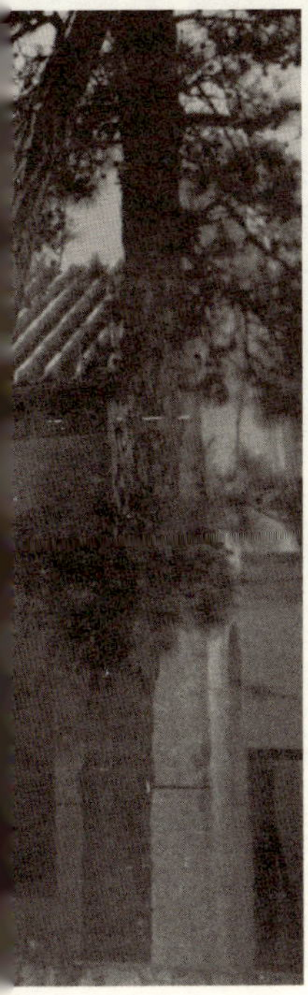

北平协和医学院(1936.12.11)

“国立第一助产学校”，由教育部、卫生部联合聘任妇产科专家杨崇瑞博士为校长，主持校务。朱章庚、林巧稚、潘光旦等曾在此校任教)，位于交道口南大街麒麟碑胡同六号的产院与其一体。考察团还参观了北平市卫生局保婴事务所和育英中学，后者系北平第一座教会学校，由美国基督教公理会创建于1864(清同治三年)，享誉京城。

来到北平了，临近的定县自然是不能错过的考察地点。此地因晏阳初的乡村建设运动而闻名，协和医学院兰安生教授也在这里进行社区卫生的实践与教学，指导学生陈志潜建立了中国最早的农村基层医疗卫生体系。1932~1935年，兰安生与陈志潜等人共同努力，在当地建立起一套较完整的公共卫生防疫系统，其成就得到了国内外高度评价，中央卫生署曾召开会议，号召学习定县的经验。

从北平去定县，乘火车要六个多小时。这数百里的距离，正如晏阳初所指出的，“实在是跨越了十几个世纪的时间”。1936年12月3日，考察团来到定县，考察了保健院、平教会、县区联合合作社；12月4日，考察团又考察了高头村小学的组织教育，农场改进社，大兴河保健院，西建阳保健所，东建阳之乡村合作社。

回到北平后，12月7日，又考察了北平市卫生局，第一及第二卫生区事务所，市立传染病医院，燕京地毯公司。1925年设立的北平第一卫生事务所是中国近代第一个成功有效的公共卫生机构，基本职能类似现在疾控中心和卫监所，监测传染病，提供计划免疫、学校卫生服务、环境卫生、职业卫生等，其创始人兰安生教授也因此获得美国公共卫生界最

江西全省卫生处(1936.12.16)

高奖章。

12月8日，考察团参观第三及第四卫生区事务所，以及设于第一卫生事务所内的裘祖源创办的北平结核病院门诊处。

12月9日，又来到香山考察香山疗养院和香山慈幼院(1920年10月由熊希龄创建)以及天坛和中华医院。

12月10日，考察团参观了烈性毒品戒除所(戒烟医院)，市立医院，妓女检治事务所，精神病医院；1934年9月5日，北平市政府为挽救吸毒者，于东大地设立烈性毒品戒除所，

上海市立医院

上海市立沪北戒烟医院

隶属于北平市卫生局。其在民国戒毒史上具有重要地位，戒毒经验推广全国。

12月11日，考察队来到北海公园西侧养蜂夹道，参观育婴堂，这是北京唯一的市立孤儿院。还参观了协和医学院及医院。

在北平期间，他们还参观了护士学校，中央防疫处生物制品厂。

结束在北平的参观活动后，考察队一行南下武汉，参观了武汉协和医院、汉口火葬场。

考察团结束武汉的行程后经九江抵达南昌，1936年12月16日，开始考察江西省及南昌市的公共卫生设施。首先考察江西省卫生处、南昌市卫生事务所及其第一分诊所。12月17日，参观保健教育委员会、省立医院、助产学校及产院。12月18日，参观青云谱近郊农村服务区、青云医院、江西农业院、麻风医院莲塘分诊所等。

离开南昌后，考察团经由浙赣路抵达杭州。1936年12月20日，在杭州考察浙江省立卫生试验所(我国最早创建的卫生检验机构之一)，助产学校及助产院和血吸虫病防治研究所，参观西湖名胜。

1936年12月21日，开始考察上海市的公共卫生设施。首先参观了位于江湾新市区的市卫生局，市立医院，卫生试验所，沪北戒烟医院，传染病医院，沪北区卫生事务所等机构。12月22日，考察沪南区卫生事务所，沪南医院，垃圾码头。12月23日，参观工部局传染病院消毒室，屠宰场，沪西化粪码池。工部局屠宰场规模远东第一，同类型建筑当时

上海市卫生局沪北区卫生事务所

上海市立传染病院

上海市立戒烟医院

上海市沪南之垃圾水码头(1936.12.22)

上海特区工商局屠宰场(1936.12.23)

世界上仅有三座，另两座分布在英国和美国。该场位于虹口沙泾港路10号，与狄思威路(溧阳路)相交处，1930年动工建设，卡尔·惠勒设计，余洪记营造厂承建，1933年竣工交付使用。12月24日，参观了位于沪西枫林桥的上海自然科学研究社。该机构1931年4月在上海成立，由日本政府用庚子赔款等项目设立，研究社建筑由内田祥三设计。该社名义上由中国、日本学者共同组成，实际由日方完全控制。参观完自然科学社，考察团来到了附近参观上海医学院和即将竣工的中山医院，下午又来到了上海西南郊闵行北桥的普慈医院。该院1935年6月29日落成开业，面积119亩，由传教士白景明创建，是上海第一所精神病医院。12月25日，考察团参观高桥区卫生事务所及托儿所，吴淞区卫生事务所；12月26日，参观了位于大场、成立于1935年12月的中华麻风疗养院，以及江湾澄衷医院(浙江镇海巨贾、“五金大王”叶澄衷四子叶贻铨在江湾建造了跑马场，后来又

上海中山医院

上海自然科学研究所

上海医学院

同济大学吴淞校园

上海闵行之精神病院(1936.12.24)

在附近建造了供赛马赌客休憩的“夜花园”，即“叶家花园”。1933年，交著名医学教育家颜福庆改办“澄衷肺病疗养院”)。

在沪期间，考察团还参观了红十字会医院，火葬场，万国公墓等。

在沪行程结束后，考察组来到了江苏省省会镇江。1936年12月27日，参观了省会卫生事务所，卫生淋浴室，平民产院，江苏省立医院，江苏医政学院。

离开镇江后，1936年12月29日，考察队来到了苏北清

上海高桥区卫生事务所(1936.1225)

吴淞同济大学之公共卫生研习所(1936.12)

上海江湾之澄衷医院(1936.12.26)

镇江 江苏省会卫生事务所(1936.12.27)

镇江 卫生公共淋浴室(1936.12.27)

江浦。

清江浦原系河道名称，旧为沙河，又名乌沙河，为宋朝江淮转运使乔维岳所开凿，明永乐十三年(1415)，漕运总督陈瑄重新疏浚沙河，更名为清江浦，在清江浦上建了四道闸，其中之一为清江大闸，以清江浦所涉之地域即为清江浦镇。

清江浦地处北纬33°多，又位于淮河之畔，是淮河与大运河交汇处的重要水路交通口岸，正好处于我国南北方地理分界线上。由于北方运河水量不足，清政府曾规定清江浦以北的运河只允许漕运船只通过，南方前来的客船到此则停止禁行。因此大量旅客必须在清江浦进行“南船北马”的交通方式转换。这一方面造就了清江浦在交通上的重要节点地位，另一方面也使此地自古以来便是我国南北两种文化接触碰撞的前沿。此后，清江浦成为南北漕粮转运中心，到清代达到鼎盛。

考察团由清江浦乘船南下，参观运河水闸工程。清江闸是里运河的一大标志，于明朝永乐中期由陈瑄建造，仍完好岿然屹立，是运河上仅存的明朝建的清江大闸。闸口宽至2丈2尺，曾是漕粮所必经之咽喉要道，每当运粮季节，万艘漕船漕军绵亘数里，蔚为壮观。

镇江医政学院(1936.12.27)

明永乐初，平江伯陈瑄总督漕运时，往来船只均至淮安新城盘五坝入淮。过坝时，重载之船必须把货物驳卸下来，将空船拖过坝，再把货物装上。入淮后逆水而上，至清江口入黄河。这一段水流特别湍急，行船要用大量纤夫，故“逾淮达清河，劳费甚巨”。为了“免过坝及风涛之险”，陈瑄于永乐十三年循宋乔维岳所开沙河故道，自淮安城西管家湖，凿渠20里，导引湖水由鸭陈口入淮。为了节制水位，还在清江浦上建了移风、清江、福兴、新庄四道闸。

这里已经有了一些“塞外”的“味道”，途中即遇驼队。大家考察了淮阴区黑热病研究队，受到欢迎并合影。考察团还参观了当地的黑热病防治工作，途经王庄时恰巧遇见黑热病人攀辕求救。他们还考察了距离淮阴35里的黑热病人村王石鼓庄的住宅。在清江浦的黑热病防治门诊处，考察团观看了给女患者注射锑剂的场面。

此前，西安事变刚刚结束，蒋介石于12月26日返回南京，举国欢庆，连这里的江北旅社门前也悬挂国旗，庆祝蒋介石平安返京。

当天，考察团还考察了淮阴县立师范学校，导淮入海工程处，仁慈医院。

12月30日，考察团抵达涟水县，看黄河故道，考察淮阴区黑热病防治队，县立医院。

清江黑热病队办公室(1936.12.29)

清江黑热病队办公室(1936.12.29)

清江驼队(1936.12.29)

中華醫學會
黑熱病研究隊

清江浦黑热病队之欢迎(1936.12.29)

12月31日，考察清江浦王石鼓庄住宅，杨庄活动坝工程。

民国十年(1921)，淮河发生了史无前例的大水灾，损失惨重，政府将导淮计划真正列入议事日程。1929年1月，成立了由20人组成的导淮委员会，直属行政院，蒋介石自兼委员长，由水利专家庄嵩甫实际负责。导淮委员会设工务处于清江浦，筹备导淮。

1935年，国民政府委派江苏省主席陈果夫主持导淮，开始导淮计划第一期工程，先后征用淮阴、泗阳、涟水、高邮、宝应、兴化、泰县、东台、盐城、阜宁、江都等12县民夫16万，疏浚杨庄至七套淤黄河。杨庄活动坝于1936年1月开工建设，同年底竣工。坝基、坝墩、公路桥采用钢筋混凝土，钢闸门，用新式史东奈升降机(卷扬式)启闭，预算50万银元，实耗60万银元。1937年6月沂泗涨发，由新式活动坝分泄入海，立竿见影。1937年，日军

黑热病防治工作(1936.12.29)

清浦江门诊处(1936.12.29)

清浦江门诊处(1936.12.29)

淮阴水闸(1936.12.29)

导淮入海工程(1936.12.29)

入侵，闸坝被炸坏。

南京是特别医师班的基地，在宁期间，大家分别参观了中央卫生实验院以及中山东路黄埔路口的中央医院和南京市立医院以及南京市卫生事务所、秦淮河污水清洁工程、汤山浴室及各型公厕和一批托幼机构如南京市立育婴所、和平门托儿所、第一托儿所等。

1936年2月1日，南京市立医院正式开业，这是第一座政府投资建设，服务平民的医院。考察团参观了该医院及南京市立第一诊疗所(南京市卫生事务所丰富路分所)。

中央医院前身是1929年1月筹建的中央模范军医院，由国民政府卫生部部长刘瑞恒奉蒋介石之命而建，主要收容伤病员，兼便市民就诊。当时征地产50亩，购置活动木屋13座及X线机等医疗器械，设置临时床位300张，1929年10月1日

导淮入海工程(1936.12.29)

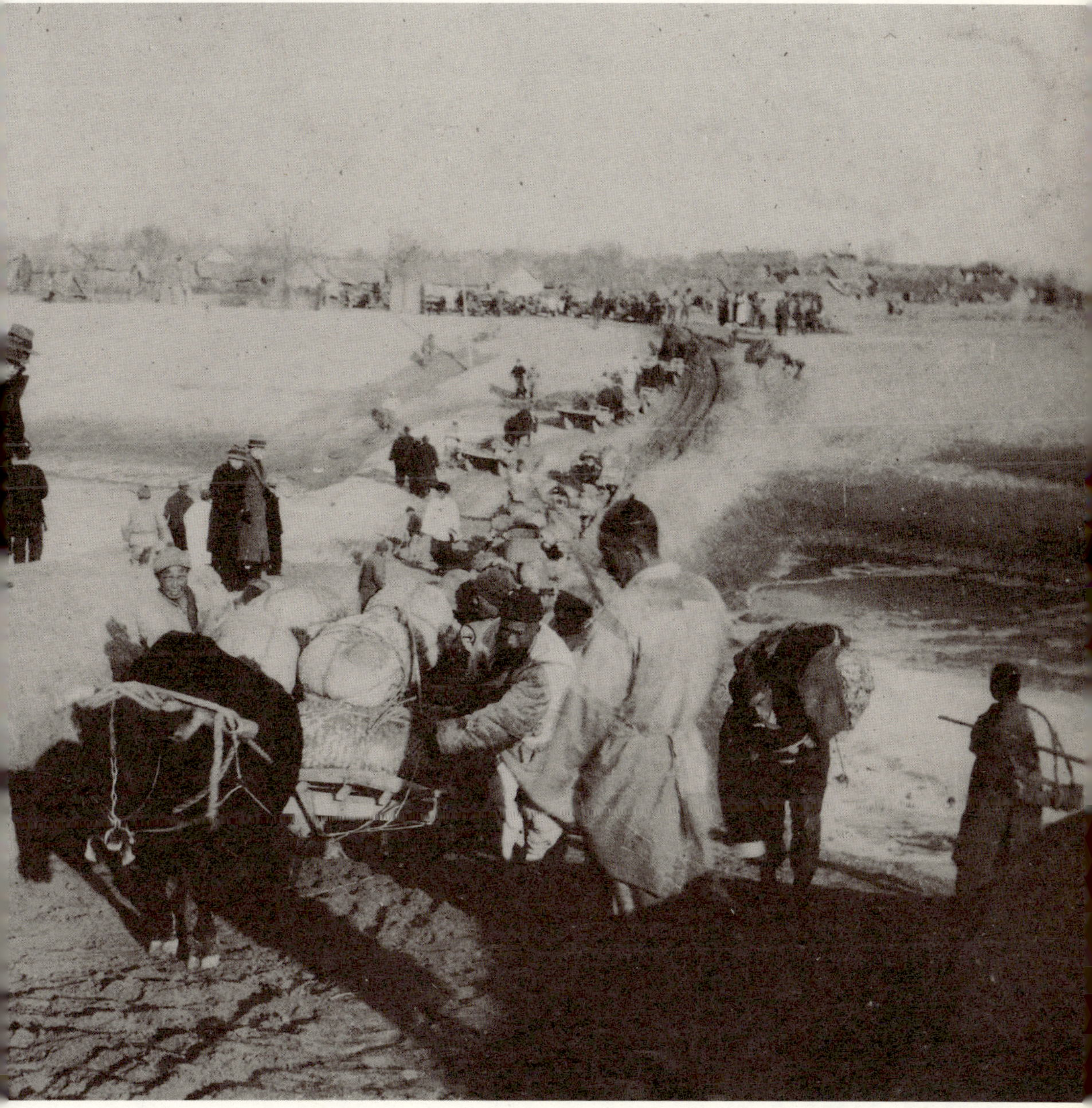

导淮入海工程(1936.12.29)

№84

清浦江雇舟南旋(1936.12.29)

王庄黑热病人攀辕求救(1936.12.31)

黑热病人村，王石鼓庄距淮阴35里(1936.12.31)

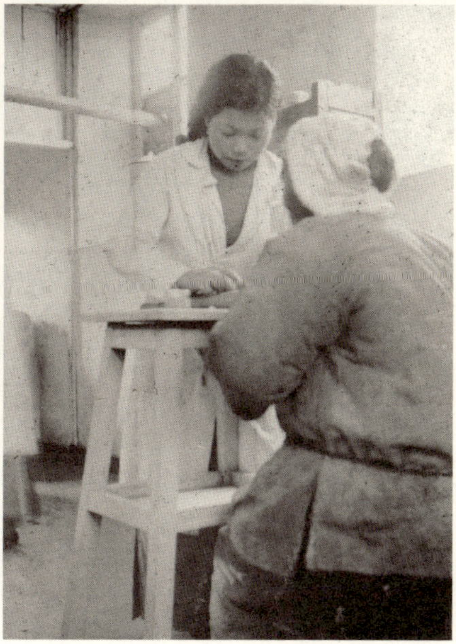

清浦江门诊处，注射锑剂于黑热妇人之状(1936.12.31)

南京中央医院(1937.1.8)

开诊。1930年1月，国民政府行政院决定将中央模范军医院改名为中央医院，划归内政部下辖卫生部(1931年4月改为卫生署)直接管辖，由刘瑞恒兼任院长。中央医院是民国时期南京兴办的规模最大、设备最完善的国立医院。

1931年，国民政府拨款扩建中央医院，并得到华侨胡文虎捐赠银洋37.5万元。中央医院主楼由基泰工程司杨廷宝于1931年设计，建华营造厂建造，钢筋混凝土结构，高四层，建筑面积七千多平方米，按现代化功能布置平面，门诊部、手术室、病房等配置合理，分区明确。1931年6月开工，1933年6月竣工，工程造价52.5万元。当初总体布置是：中央医院在南侧，由中山东路出入；卫生部(署)在中部，由黄埔路出入；卫生实验院在北部，近珠江路；另附有护士学校、助产学校等。

1937年1月8日，考察团参观防空学校。

位于中山陵园的国民革命军遗族学校，1929年9月建成，宋氏姐妹任校长。1933年宋

南京市立育婴所(1937.1.8)

南京和平门托儿所(1937.1.8)

南京第一托儿所(1937.1.8)

巡视人员在南京市立育婴所合影

南京市立医院(1937.1.8)

南京市卫生事务所丰富路所(1937.1.8)

南京遗族学校(1937.1.8)

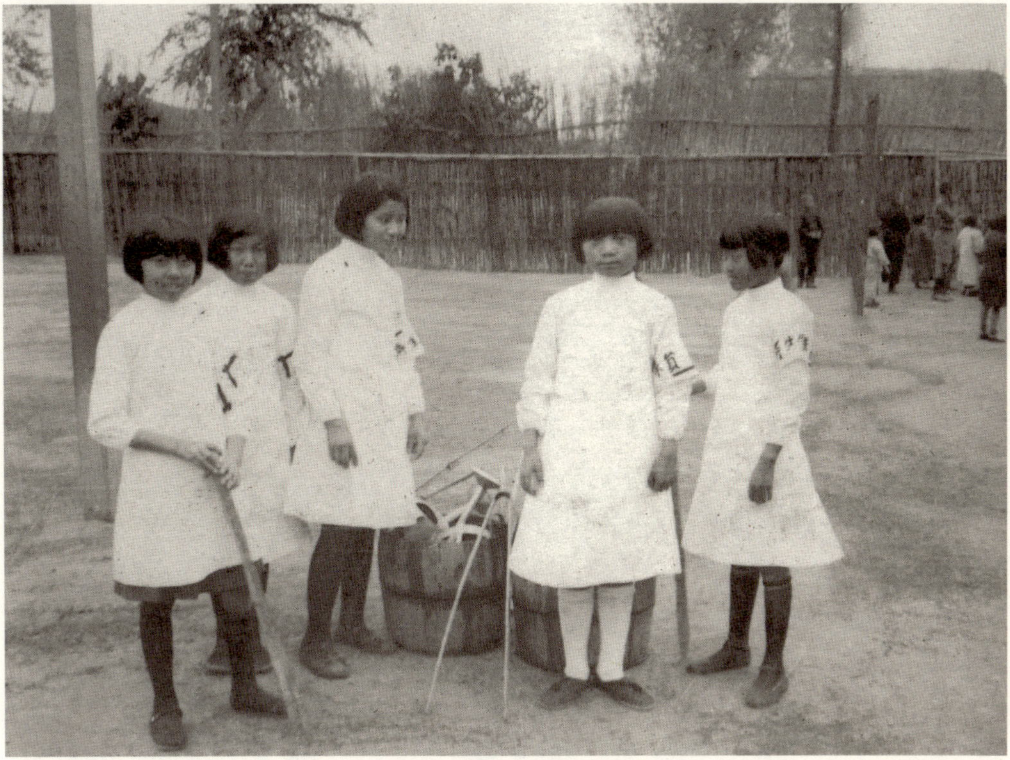

南京遗族学校(1937.1.8)

美龄指拨中山门外宁汤路傍遗族学校农场地100亩建设女校，采取当时金陵女子大学的宫殿式大屋结构，外表巍峨壮观(今南京农业大学处)。医师班参观该校，门口上方花丛中“普天同庆”几个字显然是庆祝前不久“西安事变”结束，蒋介石平安返宁。

整个参观行程，历时38天，赴江宁、北平、定县、武汉、南昌、杭州、上海、镇江、清江、涟水、南京等11地，考察公共卫生机关近90家。1937年1月底，结束了三个月的特别医师班，李启盘回到了长沙。

半年后，“七七事变”爆发，抗战军兴，考察团里诸君纷纷投身抗战，在前线或后方继续奋斗。李启盘拍摄记录的这些场景，很多都在其后的战火中灰飞烟灭了……

(感谢李启盘后人李佑桓、李佑耕提供材料支持)

我是从峨眉山上下来“摘桃子”的

孙法理

一、山中方五日，世上换人间

我得到抗日战争胜利消息时的情况，很有点戏剧性。

1939年，由于抗日战争，武汉大学迁到了四川的乐山。

1944年我考入了武汉大学外文系。1945年8月上旬我到了学校，可学校要到9月才开学。那天我和几位学长(刘复前、明星颖和一位浙江大学的同学)闲聊，忽然想起峨眉山近在咫尺，我们为什么不去爬一爬山，看一看那闻名天下的美景呢？四个人说得兴起，立即作出了决定：明天出发，爬峨眉山去！

第二天我们就出发了。可天上却下起了瓢泼大雨。几个人一商量，决定照走不误，雨说不定马上就会停的。大家欢欢喜喜，打了伞就出发。

出乐山高西门，经过有“小江南”之称的苏稽，步行到了峨眉县城，大约走了80里地。天公似乎和我们作对，一直大雨滂沱，等到我们到旅馆住定，叫了盆火，烤干了衣服，天却放晴了。有一句俏皮话：“在家尽作恶，出门大雨泼。”我们在家并没作恶呀！老天爷似乎冤枉我们了。

我们来到了报国寺和伏虎寺。两寺相距不远，都没给我们留下什么特别印象，只是知道蒋介石在那里办过“峨眉训练团”；四川大学为了避免日本人轰炸，也从成都“疏散”到那里上过课。

我们继续向上爬，到了砖殿。砖殿算得上是建筑术上的一个小奇迹。寺庙虽不大，却也容纳了佛祖、文殊、普贤和青狮、白象等好几尊泥塑，而整座庙就没有用一块木料，全是以方砖砌成的拱顶，其结构极其罕见。

半下午我们爬到了“双飞桥”，或叫“牛心石”，又名“清音阁”。那是一块光溜溜的庞大山石，状如牛心，横亘在一道瀑布正中，逼得瀑布从它两侧泻下，却有廊桥跨越双瀑，构成长长的桥亭，并有旅馆。那里有幅对联：“双桥两虹影，万古一牛心。”景色独特，令人留恋。时间已经不早，我们决定住下来充分欣赏那澎湃的“涛声”和霏霏的“细雨”。

我们在那里还吃到了一种“瀑布鱼”。旅馆老板取出一个有很长把手的小兜网，去到了瀑布边。他把兜网伸进瀑布深处，等着不动。不到一刻钟，一条三四斤重的大鱼就落进了他的兜网。我们都吃了一惊，更是吃了一顿从天上掉下来的峨嵋鱼。

第二天继续前进。大体都是走在陡峭的山路上，在氤氲的云雾里和潺潺的流泉声中攀爬。一路饱览了峨眉美景：华严寺、一线天、钻天坡，悬崖峭壁，云蒸霞蔚，密林清溪，飞鸟古木。遗憾的是，途中没有见到一只猴子，也没听到和尚叫一声“猴居士”，请它们来聚餐。大约因为那时正是蔬果满山的季节吧，“猴居士”们可以满山嬉戏而饱食终日，用不着来吃和尚的施舍了。我们很感遗憾，和“居士”们失之交臂了！

黄昏时我们登上了洗象池，住了下来。这天晚上天空异常晴朗，我见到了一个令我终生难忘的奇景。

晚饭后我们在庙前坐定，静静欣赏着缭绕在悬崖峭壁和林木之间的薄雾。突然，一个黄澄澄的大月亮就从蓝黑色的天幕后猛地“蹦”了出来——我只能用“蹦”字来描述它。那确实是猛然露出来的，没有丝毫渐进的过程，仿佛是大自然在玩魔术。我们全都看得呆了，大叫起来。峨眉山以金顶的佛光著名，据说运气好的人可以见到自己的影子站在佛光中。可我们的运气更好，见到了别人从没见到过的这半秒钟的“奇迹”。

不过，这“奇迹”和随后就要出现的大事比起来，却又显得渺小了。

第四天我们下山了。经过了深邃幽暗的九老洞，看见了洞里惊起成群乱飞的蝙蝠，再经过郁郁葱葱的洪椿坪，下到山底，在农民家借宿了一夜。第五天继续回程，黄昏时到了乐山城。可我们还没来得及进城，就听见了“砰砰叭叭”的爆竹声在响个不停。我们感到奇怪，急忙往街上跑，却见满街红灯高挂，到处是欢笑的人群。几个美国兵手上拿着鞭炮在放，在吼叫。一问才知道：日本人投降了！！苦苦撑持的八年抗战终于胜利了！！历史的转折点终于出现了！！

我们的确深有“洞中方七日，世上已千年”的感慨！

从那以后我们就盼着学校迁回武昌，不时地怀着希望谈起。

二、数千里复员之旅

第二年(1946)，武汉大学从乐山复员，回到武昌珞珈山。复员的办法是：政府给每个学生发复员费十万元，由学生自己掌握，支付沿途费用，剩余不交，不足自补。在那时，十万元的数字是相当大的，不会有不足之虞。学校还在成都、重庆、宝鸡、西安等地设立了接待站，为学生的住宿和车辆之类的事作安排。

我那时住在邛崃，当然到成都坐车。我到了成都，来到接待站，交了车费，领了车票，在规定时间到指定地点上车。那是办事处包租的敞篷商车，没有座位，没有车顶，大家都坐在自己的被卷上，有点挤。但有个很大的好处，可以自由欣赏四面的风景——我是第一次作这样的长途旅行，而且要离开四川，心里充满了好奇。出发前成都接待站的马同勋老师来为我们送行。他询问了大家的情况，并向我们交代了有关事宜。有一位老学长史寿民也来搭车，马老师嘱咐他多照顾照顾学弟们，史说了一句话我至今记得：“义不容辞。”途中他也确实给了我们许多帮助，接洽住处，安排食宿，热心而且细致。

从成都到西安是从赤色盆地的底部爬出盆地，进入渭河流域的关中平原，一路都是在“盆子边缘”上“攀爬”。刚出发时就有同学七嘴八舌地介绍情况。这里是广汉的金雁桥，是《三国演义》里“金雁桥前捉张任”的地方；那里是罗江的落凤坡，是三国时代凤雏庞统被害的地点，如此等等。

不久，汽车就开始进入李白的《蜀道难》所描写的“难于上青天”的地带了。我们想起了他的诗“青泥何盘盘，百步九折萦岩峦”，“黄鹤之飞尚不得过，猿猱欲度愁攀援”之类的。可我们却是坐在车上一溜烟地飞跑着，一点也不“愁攀援”。还有，李白说，“剑阁峥嵘而崔嵬，一夫当关，万夫莫开”，我们却是坐在汽车上遥望着剑阁逐渐远去。有人还想起了陆游咏剑阁的诗：“衣上征尘杂酒痕，远游无处不销魂，此身合是诗人未？细雨骑驴过剑门。”我们很得意，同样是过剑门，他是骑驴，我们却是坐汽车。有人甚至背诵起陆的《梅花》诗来：“当年走马锦城西，曾为梅花醉似泥，二十里中香不断，青羊宫到浣花溪！”这回他不是骑驴，而是骑马，可才走了二十里，就“醉似泥”了，而我们却是坐车，走的路上千里，一路欣赏着浩瀚陡峭的蜀道景色，我们该沉醉到什么程度呢！

第一天经过了绵阳、梓潼、昭化，晚上宿宝轮院。第二天一大早就过了广元，也就是武则天的老家——唐代叫利州。然后到了宁羌(今宁强)，从此进入陕西地界。

进阳平关后不久，见到路边有一块大牌子，上面写着："韩信问路杀樵夫处"。这可有点阴森森的，也很带戏剧性。好心的樵夫给韩信指了路，韩信却把樵夫杀了，这太凶残。可他自己呢？虽然被萧何追了回去，登台拜将，战功赫赫，最终却没有逃脱"韩彭菹醢"(与彭越一起被吕后剁为肉泥)的命运！这是多么惨烈的戏剧反讽！

正午时分我们来到一个叫做"大安驿"的地方，停车休息，上厕所。那天正逢赶集，一群农民挤到车边来兜售土产：瓜子、花生、板栗、核桃。价格便宜得惊人。成都卖十元的这里只要两三元。大家议论纷纷：这哪里是"大安驿"，应该叫"太安逸"才是！

下午三点左右到了留侯坝，停车吃饭。留侯坝是"运筹帷幄之中，决胜千里之外"的留侯张良(子房)功成身退、隐居善终的地方，也是抗战时期后方著名的"三坝"之一(重庆沙坪坝、成都华西坝、汉中留侯坝，都是大学疏散集中的地区。西北大学和中央政治大学就疏散到留侯坝)。吃完午饭我们去看了看留侯庙。外面粉壁朱门，里面桧柏森森。规模虽远不及成都的武侯祠，气象却依稀近似。可惜没有开门，无法进去参观。

傍晚车过褒城，那是迷惑得周幽王"烽火戏诸侯"葬送了江山的褒姒的故里。这是一座小城，在高坡上，车从城外经过。不久，天黑尽了，商车打开车灯，在并不宽大的公路上缓缓地爬坡，很叫人提心吊胆。快半夜时到了宝鸡，在为我们作好安排的接待站吃了晚饭，倒头便睡。有同学又提起了陆游的诗句："楼船夜雪瓜洲渡，铁马秋风大散关。"原来宝鸡在宋代就叫"大散关"。这名字很带古代边陲的苍凉！

第二天改乘火车，到了西安。我们在西安停留了好几天。我逛了逛大雁塔和小雁塔，也看了看碑林。可惜碑林里虽有众多古碑，却没有指导和说明，再加上没有照明，十分昏暗，看起来很费劲。西安这个古都比成都萧条多了，只是城墙很宽大，还依稀有古都的宏大气魄。

从西安到郑州坐的是"绿钢皮"火车。那种车车厢近似圆筒，通体绿色。田林同学当年从山东流亡到四川时就坐过。他说那时坐"绿钢皮"经过风陵渡，必须在夜里"闯关"。因为白天可能遭到黄河对岸日本鬼子的炮击。现在不同了，火车大白天大模大样咔

复员途中(田林摄于郑州, 1946)

哒咔哒地开，拉得汽笛山响。

从西安到郑州，换车南下去武昌时，田林给我拍了一张照片，作为纪念。现在还保留着，我很珍视。

从郑州去武汉也坐火车，第二天黄昏就到了汉口的大智门火车站。武大已有人和汽车在迎接，我们被送到长江边，下船过江，在对岸武昌上岸后，又有车在等着，送我们到了珞珈山武汉大学宿舍。

武汉大学的男生宿舍建筑之宏伟精美，让我们大吃了一惊。我匆匆忙忙找了间宿舍，解开被盖卷就昏昏大睡。第二天早晨起来，浴室里已有热水供我们洗淋浴。这又让我们吃了一惊。原来赵师梅老师非常细心，督促工友割了山上的茅草，在大楼底层的锅炉房里为我们烧好了热水。后来的情况是：满山的茅草割不完，秋冬的热水供应不断。而夏天则有清澈的东湖，随时欢迎我们游泳。这位赵师梅老师可是个传奇人物。据说他在清朝时就参加了革命。辛亥革命成功后和许多青年一起见到了孙中山先生。孙先生鼓励他们从事教育事业，建设民国。他在留学日本回国后，便来到武大，终身献身教育事业。生活异常朴素，非常乐于助人。现在他又在尽义务，为学生辛苦了。

到了珞珈山，伙食大大改善了。肉类不少，鱼尤其多(武汉可是个湖泊地区)。有一次我在菜碗里竟发现了一枚牙齿，吓了一跳，以为是厨工的问题。后来见得多了，才习惯了。原来武汉的鱼不但很多，而且很大，牙齿也大，大如人牙。吓我一跳的正是那东西。

这时我们的生活有了很大改善。吃的虽然还是平价米(米质差，碎石杂质也多)，却有鱼有肉，而且可以在市场上买到廉价的奶粉、冰激凌粉、奶油、牛肉酱、花生酱、巧克力或奶酪，增加营养。这些都是所谓的“剩余物资”，也就是联合国救济总署的战争剩余物资。第二次世界大战结束了，从海外运来的这些东西没有用了，就投放到市场上贱价出售。我们最喜欢买的是冰淇淋粉和克林奶粉。克林(klim)是milk(奶)的字母颠倒，是我们的美味零食，也是高级营养品。

还有一个令人想起抗日战争胜利的现象：在武昌随处可见的日本军用物资地摊。大概是从日本人的仓库里往外流的。大件的有军毯、军大衣、统绒衣、军用皮鞋，小件的有手电筒、小刀、文具之类，价格异常低廉。同学们感兴趣的是空白账册，可以做笔记本用。

偶然，我们还见到日本人。有一次我在武昌长江边上见到一大群解除了武装的日本兵，被押着上船。他们穿着军装，携带了少许行李，看去营养正常，似乎还规矩。我不禁产生了一种扬眉吐气之感。

还有一次我在汉口一家面摊吃面，身边坐了个妇女在和老板娘有一搭没一搭地讲话。我没大注意。可那妇女才起身走掉，面摊老板娘就告诉我说，“那是个东洋婆子呢，您家！”我回头细看，那妇女穿的是中式衣服，梳的是中国发式，再回忆她刚才的语音，有点异样，却不厉害。我忽然想起了“殖民地”这个词，不禁有些愤愤。在武汉，在曾被沦为“殖民地”的中国其他地方，还不知留下了多少日本人呢！从那以后我常常敏感，在武汉城里，在过江的轮渡上，凡听见腔调异样的话，就往往遐想：这家伙会不会是日本人？

迟迟不肯回国的日本人还有，武汉大学那时就有一个。那是个汽车司机，开卡车，住在校医院附近，靠近现在的逸夫楼。那人夏天常开车来东湖游泳。直到1948年我毕业离校，他似乎还在那里。

我还见到过不少遗留在中国的日本战马。我曾去湖北中部的一个小地方沙洋为同学代课。在那里我见到一些高头大马，四处游荡。后来才知道，那是日本军队的战马。日本投降了，没人饲养和理会，它们只好到处乱跑，在日晒雨淋中度日。据说已经死掉了很多。我可以想象它们当年的威风！而等待它们的命运也只能是陆续死掉——不知道为什么国民党部队不予收留，而老百姓也不肯牵回家使用。

还有件事让我们不高兴。日本占领时期武汉大学的宏伟建筑是被他们当做首脑机关用的。他们就在珞珈山种满了樱花树，那又是他们的殖民行为。我一见这些树就生气，恨不得立即全部砍掉。可细细一想，既做不到，也没有必要。据说现在那樱花林已成为武汉三镇的著名景点。阳春三月花开似锦，总能吸引大量游客来参观。但这事是不能想的，至少我就不能想，因为一想就不愉快！

建工部外训班记事

王侠宗

不久前我在清理旧物时，在一个年代久远的旧笔记本里，发现夹着两张叠成四折，已经泛黄、边角破损的废纸，打开一看原来是一份具有当年时代特点的姓名、年龄、政治面目、专业、毕业院校及时间以及所在单位等的报到登记单。看着这些有的早已遗忘，但似乎曾经又很熟悉的人名，不尽使我又回想起了半个世纪前的一段非同寻常的经历。

一　喜赴上海进修外语

1964年我从清华大学建筑系毕业，分配到了同学都很向往的建筑工程部北京工业建筑设计院。按照当时的国家规定，报到后先下基层劳动锻炼，为此设计院组成了一个以应届毕业生为主35人的劳动实习队奔赴北京市六建公司工地，并任命陆妙星和我为领队。在六公司我插入了混凝土班组与延庆来的民工一起当了一年的混凝土工，直到1965年10月我们劳动实习期满回院。

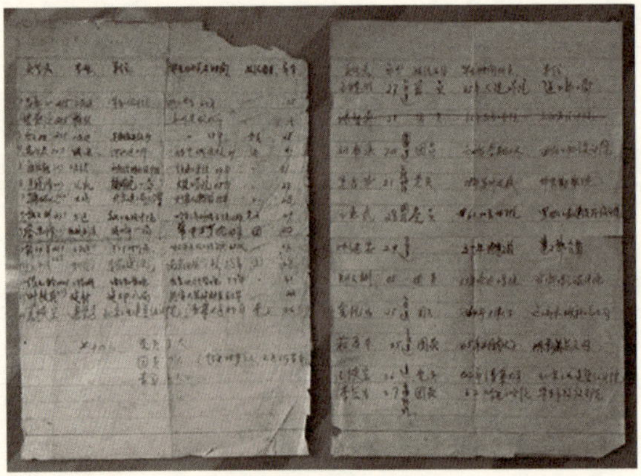

外训班报到登记单

刚回院不久就接到院人事室的通知，主任找我谈话，除了让我简单汇报实习队总结外，还说了一件令我意想不到的“天上掉馅饼”的大事，就是经院

英语一班(临时)报到后公园留影(1965.12)

研究决定拟派我去同济大学学习英语，征求我的意见。从主任口中得知我们设计院有着大量的援外工程项目，受援国大多是非洲的英语和法语国家，而我们年轻的工程技术人员在学校中大都学的俄语，在国外现场沟通上存在着不少矛盾，懂专业的不懂外语，懂外语的不懂专业，必须给工程技术人员再配翻译。等国家培养分配又跟不上发展的形势，为了解

英语一班(临时)报到后留影(理化试验馆前, 1966.1)

决这个矛盾部领导决定自力更生，采取成立外语训练班对在职工程技术人员进行短期外语培训的方法，外训班学制两年，初步掌握外语、基本能满足国外现场要求时就进行外派，在国外现场一边实践一边学习提高，逐步锻炼成为符合要求的复合人才。主任还谈到办班地点之所以选在了同济大学，主要是同济是建工部的部属院校便于协调和领导，而且外语师资实力也比较雄厚。最后主任以征求意见的口吻说，你刚劳动一年回来又要出去进修，不知你愿不愿意去，有什么困难？可提出来组织帮你解决。你回去考虑一下与家人商量商量！我做梦也不会想到院领导会把人人向往的进修机会给我这么一个来院不久的新人，高兴还来不及呢还考虑什么，我想也没想就马上表态说，没有困难，服从组织安排。非常感谢给我这个机会，我一定认真学习决不辜负院领导信任与培养。

同事们得知此消息后都很为我高兴，我的学长莫宝壁说，这么难得的机会让你赶上了，太幸运了！还半开玩笑地说希望你回来的时候，不仅一口流利的英语而且还一口地道的上海话。我笑着说，我可没有这么大的奢望，回来时如果能讲点儿磕磕巴巴洋泾浜英语、上海话就不错了。谁知一语成谶！当时一想到即将到来的进修生活，真是既兴奋又充满期待，领导的重托朋友的期待，又使我感觉肩上的担子很重压力很大，有些紧张与不安，真怕学不好没法向大家交代。

此次进修我院一共派出5人，法语班3人：徐光国、宗仁民、石家騄。英语班2人：我和冯赓立。按照外训班年底前报到的要求，我们在北京稍做准备后，不敢耽搁立即动身乘火车前往上海。出了上海北站我们先找了一家路边小店吃早餐，我要了一碗汤团，店家上来就是一句"铁鹅歪死海鹅"？弄得我丈二和尚摸不着头脑不知其所云，幸亏宗仁民是常熟人，帮我解了围，原来问我是要"甜的还是咸的"。我感叹道：这就是下马威吧，看来今后两年我的语言学习生涯还是任重道远呀！

同济大学外训班设在学二楼，它坐落在落地拱结构的大饭厅("文革"期间改为东方红大厅)的东北角，是一幢南北向坡屋顶黄灰色的二层筒子楼，没有任何多余的装饰显得简约而素雅。教室、教研室、阅览室、办公室以及学员宿舍均集中布置在此楼中。该楼南侧还有一幢几乎一模一样的学一楼，两楼东西两侧山墙之间均有外廊式单层建筑相连，其中设置盥洗室、厕所等辅助用房，这些建筑所围合成院落中布置绿化和球场。整体看功能分区明确合理，平面布置集中紧凑，教学生活实用便捷。该院落相对独立与外界可互不干扰，可形成一个适合语言教学特点的小环境，对于外训班的教学生活来说是一个相对理想的小天地。我们一看都非常满意，由此可见校方对于外训班的重视程度和独具匠心。

我们报到时受到了沈棣元主任、杜白莲书记以及朱瑛老师特别热情的欢迎和接待，原来我们竟是到外训班来报到的第一批学员。通过沈主任的介绍才知道我们这个外训班规模很大学员共计72人，其中法语班37人，英语班35人。(原来英、法语各36人，后由于一个单位根据需要将一人从英语班调入了法语班)学员不仅多，其所在单位和地域分布也很广，建工部除我们北京院外，还有华东院、东北院、中南院等多家部直属院，部直属各工程局，以及全国各省市区建设厅等，每单位大多派出1－2人，如湖南省只派了蒋厚本一人。由于学员遍布全国，使我联想到将来同济外训班将真正成为名副其实的桃李满天下，使人不得不感叹建工部领导的大手笔和气魄。因为我们到的早，沈主任和杜书记安排我们帮忙做一些接待学员的具体工作，还特意交代我负责登记核实一下学员中党团员的情况。这就出现了本文开头时所提到的那两张登记表，这只是部分不是全部，是因为当时多张表几个宿舍同时登记然后再综合，只是偶然保存下来这两张。

1966年元旦过后，学员已经到齐，开始进行教学与行政机构的落实事宜正式建班。外训班设英法两个语种分英语班和法语班，每个语种各设3个临时小班，经过一段教学了解学员外语基础情况后，再按不同程度水平进行调整正式分班。师资由同济大学外语教研室和建工部对外局(中建公司)共同派员组成教研组。

英语教师 万明玉、惠纫秋、汪蔚华、乔玉兰、马焕琴、龚逵龙、杨成都

法语教师 周方白、蒋锟庄、金大千、周孝芳、庄俊祥 杨兰芳

名誉班主任 李国豪(同济大学副校长 兼任)

班主任 江之永教授(数学力学系主任 兼任)

副班主任 沈棣元

党支部书记 杜白莲

办公室主任 朱瑛(办事员 朱巧珍 王玉芬)

当组建的具体事宜一切就绪后，外训班召开了简朴而隆重的成立及开学典礼，李国豪副校长作为名誉班主任亲临会场与学员见面，代表同济大学校领导对外训班的成立表示祝贺，并对来自全国各地的学员表示热烈的欢迎。他强调了外语的重要性以及国家对专业外语人才的迫切需求，他以自身经验和体会阐述了学好外语并不难，鼓励大家好好学习，预祝大家学习顺利早日成为专业加外语的复合型人才。班主任江之永教授讲话，他介绍外训班机构与人员时特别强调了师资队伍的强大阵容和先进的教学方法。针对一般学校外语教学中普遍存在的只注重“读”和“写”而忽视“听”和“说”、学的都是“哑巴外语”的弊端，强调外训班将采用当前最先进的听说领先法。他的讲话既严肃、富有哲理，又生

英语班(临时)劳动节留影(图书馆门口, 1966.5)

动引人入胜，令人印象深刻耳目一新。比如，他谈到有人说外语难学，我说不然，外国再笨的人也都会说话，语言是一门实践的科学，多实践就能学好。为什么很多人总是学不好口语呢？就是不敢大声说，要想学好口语就是要张开嘴巴，说错了也没关系不要不好意

英语一班(临时)劳动节留影(大礼堂前, 1966.5)

思，不要怕人笑话。只有这样持之以恒坚持下去，就一定能够取得很好的效果。如果一定要说有什么窍门的话，我可以把它概括为5个字，就叫做“胆大脸皮厚”！时隔50年了，他的这句至理名言，我至今不忘并受益匪浅，而且还常常把他传授给一代又一代年轻人，说不定这个诀窍已经给了众多的人指明了方向并取得了成功。最后他还要求大家在这段不长的宝贵的培训时间里，暂时不要再为单位里的事情分心，排除一切杂念和干扰，集中所有时间倾注全部精力，心无旁骛地进行一场高强度高效率的突击学习。他说，你们现在就是一个任务把外语学好。我们有良好的学习环境、有高水平的教师队伍、有最先进的教学方法和设备，再加上你们的勤奋与努力拼搏，我们一定会取得成功达到预期的目的！他的充满激情、极具号召力和鼓动性的讲话，使在场的所有人都得到了极大的启发并受到了极大的鼓舞。

1966年春节过后，随着学校新学年的开始我们也正式开课。虽然事先已经打过招呼为了创造一种语言环境，在外训班除非实在不得已时使用汉语外尽量使用外语，但是头一天上课老师一上台叽哩呱啦全是英文，对于我们这些从头开始的初学者来说还真是有点适应不了。但是老师又是手势表情再加上形体动作辅助和补充，我们通过琢磨猜测尽量体会出其含义，倒也能逐渐适应。例如老师说open your books, turn to page five. 同时双手向两侧一摊，然后五指张开比划，大家也能理解并做到“打开书本，翻到第5页”。随着天天反复重复练习课堂及日常生活用语，大家渐渐也熟悉和习惯了。但有些用动作表情不易表达的抽象词汇，有时候理解起来还是有点难度。也举个例子，比如老师要教“天”这个单词，就问“我们头顶上有什么”，答“头发”，问“头发上面有什么”，答“屋顶”，问“那么屋顶上有什么呢”答“天、天空”，老师会高兴地说：“噢，对了！这个词就是天、天空！”所以这种启发式的听说领先教学有时会令我们哭笑不得，有时又感觉很好玩，大家不免笑道我们这些二三十岁的大老爷们又重新进入幼儿园了。

随着教学进度的加快积累的词汇量的增多，大家学习的压力越来越大，虽然很紧张但学习热情不减，在外训班形成了一股抓紧一切可利用的时间学习你追我赶的热潮。在校园里，在学二楼旁，不论清晨或夜晚，都经常可以看到三三两两的人在大声、旁若无人地读着外语，这似乎已经成了同济一景。有的人觉得奇怪，从这些人年龄和衣着看不像学生，但从外语的熟练程度看又不像老师，显得比较生涩。特别是读法语的，他们在练习喉部打嘟噜的法文字母发音时犹如咳痰一般，发出的怪异声响往往迎来周围人们的惊诧的目光。我们英语班的人比较腼腆和收敛，知道大学里的老师学生大多英语水平较高，作为初学者我们不敢放肆，往往躲在教室或小院里念，生怕在外面露怯，在这方面我们确实不如法语班。当然他们也许觉得身边懂法语的人不多，读的对不对好不好也没人知道，所以读起来真有点“疯狂法语”的味道。正是由于他们的熏陶感染，连我们英语班的人都把他们天天念叨的日常用语也偷学来了，有时还逗他们故意把这些词用汉语来模仿法语的发音，如“笨猪”“关门打老虎”……引得大家一笑，以调节一下一直紧绷的学习空气。

为了使我们学好口语，能时时自己纠正语音语调，外训班还在教室中配备了钢丝录音机，这种装备和技术手段在50年前已经算是相当先进和奢侈的了。由此可见建工部和同济大学对外训班下了多大的本钱、抱着多大的期望以及志在必得的决心。半个学期过去了，到了四月底外训班进行了其中考试，结果大家的成绩不错，老师也很满意，大家也都很开心。有了半个学期的适应和经验，打了一定的基础，大家觉得心里有了点底气，劲头更足了，满怀信心地准备投入下半学期的学习。

二、遭遇“文革”学习受挫

天有不测风云，就在此时中共中央发布了震惊全国的《5·16通知》，提出“混进党里、政府里、军队和文化领域各界里的资产阶级代表人物，是一批反革命修正主义分子，一旦时机成熟他们就要夺取政权，由无产阶级专政变为资产阶级专政”“赫鲁晓夫那样的人物，他们正睡在我们身旁”。人民日报还发表了《横扫一切牛鬼蛇神》的社论。中央的精神明确而坚决，所传递的信息有着明显而强烈的暗示，使人们很自然地产生了一种山雨欲来风满楼、一场严酷的政治风浪即将席卷而来之感。校园里弥漫着一种异样的气氛，来自北京的首长讲话、高校动态等开始流传，这些信息不断地影响着人们的思考与判断。后

英语班串联中留影(韶山毛泽东故居, 1966.9)

来一下子突然出现了大量的打倒牛鬼蛇神、批判资产阶级反动路线的言辞激烈大字报，空气紧张暗潮涌动正常的秩序已被打乱，似乎有向混乱和失控发展的趋势。

这时人人都极为关注来自北京的信息尤其是北大、清华等高校的动向，由于我与清华的同学经常有书信往来，大家看到我收到印有清华大学字样的信封都会纷纷来打听北京有

与军代表合影(1967，石家騄提供)

什么消息，我当然也会把信的内容与大家分享，我认为这是很自然的事并没有觉得有什么不妥。正在此时上海市委派出了以陈琳瑚为队长的上海市委工作队进驻了同济大学，很显然工作队的目的就是要控制同济运动局面，扭转运动的发展方向，进而把运动纳入市委所希望的轨道。工作队派到数力系的工作组组长叫陆瑶仙，是一位矮矮胖胖、戴着一副高度

贫下中农到同济访外训班(1967, 石家騄提供)

近视眼镜的女干部，讲话声音很响调门很高带有浓重的地方口音。工作组一到数力系首先从排除运动干扰清查北京小道消息来源入手，外训班来自北京的人较多肯定是清查重点，到了外训班不用费劲，我、北京林学院毕业的王惠民、北京一建公司来的刘敦山等几个人

军代表组织军训(理化试验馆前, 1967, 石家騄提供)

很快就进入了工作组视线。因为我们三人都是党员，所以工作组决定召开外训班党支部会，首先在党内统一思想展开揭发批判。与以往不同这次支部会规格很高，上级党组织系党总支领导贾巨海到会，工作组坐镇实际主导，看这个架势似乎是要在数力系创造一个典型经验和成功案例，我们做梦也不会想到自己竟会是这次会的重点批判对象，对此我们没有丝毫的思想准备。会上一个个精心准备的发言慷慨激昂声色俱厉，什么“散布小道消息流言蜚语”、什么“这就是要向党夺权”、什么“要把天下搞乱就是反革命”……对于这种突如其来的攻击虽然接受不了很气愤，对于他们缺乏对学员最基本的分析而不满，但我并不怨他们，他们不能不按工作组和支部的交代行事，可以理解。关键是工作组和陆妙仙的态度，可陆妙仙竟然说我们已经“挖(滑)”到了反革命的“边缘浪”上！你不是一般人呀，你工作组长是代表上海市委的，怎能枉下会致人死命的轻率结论呢？我感到很反感也很冤枉！我大学入党一直是学生干部，还获得了清华大学毕业生优良证书，单位刚刚还送我来进修，我自认为应属于听话学生好职工一类，哪受过此等待遇啊！当时我还是太年轻，血气方刚涵养不够沉不住气，只觉得“刀”已架在了脖子上，除了反抗还能有什么其他选择呢，也顾不得后果了拍案而起，真正体验了一把“逼上梁山”的切实感受。王惠民的脾气比我好不了多少，武汉人刘敦山更是九头鸟的性格，当时我们三人不可避免地与工作组爆发了激烈的争论与冲突，由于动静太大教室窗外站满了闻讯而来看究竟的学生，因此也使得这个事件成了一个爆炸性的新闻，迅速在数力系传开了。

我估计像我们的这种冲突在同济可能并不是个别现象，在工作队的统一部署下，其他系的情况恐怕也是大同小异。因为这次交锋之后校园里出现了大量声讨工作队是“灭火队”“执行资产阶级反动路线”“压制群众运动”的大字报，爆发了赶走陈琳瑚的呼声。就在这种形势下从北京传来了撤销工作队的惊人消息，陈琳瑚和工作队也确实已经悄无声息地从同济撤离，这时校内一片欢腾！几乎一夜之间各系学生都成立了大量名目繁多的革命群众组织。数力系学生也不例外成立了“风雷公社”，可能是出于对我和工作组交锋的印象，竟然选我进入了“风雷公社”的领导班子。对此我颇有顾虑，严格来说我既非学生又非同济的人，只是一个外来的进修的干部，对同济毫无了解，如有差池我的干部身份又可能会产生严重后果。我想反正也不能正常上课了，不如争取返回单位参加运动，职务也就自然推掉了。当时外训班学员中也存在着是回单位搞运动还是留上海搞运动两种意见之争，不知是通过什么渠道反映到部里，建工部对此很重视，立即于1966年12月派对外局吴家光代表建工部听取意见。据吴司长后来回忆，他一到外训班门口就看见地上刷着一条“欢迎建工部钦差大臣”的大标语，心里不免有点紧张，他说学员们到底都是干部并没有为难他。他做了广泛调查，与不少学员一起分析探讨，结果是大部分人赞成留上海参加运

建工部北京院来的三学员结业校园留念(同济, 1968.12)

动，认为运动不可能长期这么下去，愿意坚持一下待机逐步上课。实际上这也正是部里的意思，可见当时不论领导还是群众对“文化大革命”的估计是远远不足的。

外训班学员参加大批判经常受到学生红卫兵批评，说外训班大批判不结合自身实际，被批评为批远不批近、批外不批内、批虚不批实！外训班在这种压力下也出现过一些东拉西扯牵强附会为批判而批判、甚至个别哗众取宠的过激行为。

万明玉老师本来是一位专业和教学水平很高，极具亲和力的优秀教师，仅仅因为她与台湾地区原“副总统”严家淦有亲戚关系，而受到了冲击。据龚逵龙老师回忆，建工部对外局派来的庄俊祥老师不知何故被学生和学员一起抄了家，弄得老师们个个提心吊胆人心惶惶。特别应该提到的是一位刚来不久教英语的女老师(大约姓陈)被批斗的事，据说她先生是刚从英国请回来的船舶专家，她们在英国生活多年不久前刚刚回国。鉴于她对西方传统礼仪、习俗、俚语很熟悉，所以被外训班请来教日常生活用语，包括家庭及宴请时男女主人及宾客座位顺序的排列、刀叉餐具的摆放、用餐的礼节习惯以及礼貌性用语等。有一次她讲到英国人吃鱼的时候，先要用刀叉把鱼刺剔干净，再把鱼肉放在嘴里，不能像我们国人一样一边吃鱼一边吐刺，这样在英国会被认为是没有礼貌缺乏素养。还有一次她讲了一个故事，大意是在一些重要场合英国女人如果想去洗手间，往往会说“对不起，我想去花一个便士”，这样可以不必直白，显得含蓄而文雅。结果一个中国小伙子在一个宴会上想去方便时，也想绅士一点说了“想花一个便士”这句文雅用语，谁知弄巧成拙招来一阵笑声，弄得此君一头雾水狼狈不堪。她说其实在英国男厕不收费，只有女厕要收一个便士，所以此语只是女士的专用语。当时我们听了也都笑了，而且印象深刻。其实她要强调的是学一些用语不能只知其然不知其所以然，不然就要闹出笑话。本来这些例子在今天看来都是非常生动的教学范例，教学效果也非常之好，虽然已经过去了50年，但是我们还都清楚地记得。但在“文革”的特定环境中，在大批判思潮的影响下，却对陈老师进行了过火的批判，让她站在椅子上，批判她洋奴思想宣扬资产阶级生活方式，丑化和污蔑中国人。因为她还保持着在国外时的化妆习惯，为此还有人给她脸上涂了墨水……虽然有不少人对这种侮辱人格的做法相当反感，但在当时那种环境气氛下对这些过激行为只能默不作声，谁也没敢说出半个不字。

在风雷公社领导班子分工中我主要负责秘书组工作，秘书组除了编辑校内外动态外，主要搜集整理、油印装订毛主席有关专题的语录、首长讲话、文件汇编。随着运动的发展怀疑一切打倒一切的极左思潮的泛滥，学校以至社会都越发混乱，风雷公社内部也存在着各种认识上的差异和行动做法上的分歧，加剧了内部的矛盾和斗争。记得有一次在文化广场召开全市性的高校革命群众组织大会，风雷公社也随同济东方红兵团到会。大会刚进行到一半突然传来解放日报社发生武斗的消息，主持大会者号召在场各院校组织去支援报社造反派，当时立即就有不少人打着大旗奔赴武斗现场。在场的风雷公社不少人也强烈要求马上去支援，在当时要说出反对意见我还是有很大顾虑的，但是在思想斗争后我还是表达了不同意见不同意去支援，我认为在一切尚不清楚的情况下贸然前往，这是很盲目的、不明智的，是一种极不负责的表现，还可能造成极严重的后果。对于去与不去的问题当场就发生了严重争论与分歧，过去长期以来对我的不满，这个时候一下子爆发了，什么"害怕了、胆小鬼""革命不彻底、造反精神不强""造反派中的右派、策略派、机会主义者"等帽子劈头盖脸而来。严重分歧已经公开化，一时又不可能统一，为了避免彻底分裂我做了部分妥协，决定少部分人作为观察员去现场调查，待了解真相后再做决定，大部分人与我立即返校。类似这种情况多次的积累，使我逐渐真正感觉到了自己的思想跟不上这种形势，确实没有红卫兵小将们的那种天不怕地不怕的大无畏精神，风雷公社的这种工作确实不适合我，这么下去可能早晚要跌大跟头，再次萌生了辞职的想法准备在合适的时机卸任。

1967年初上海爆发了向"走资本主义道路当权派"夺权的"一月革命"，得到了"中央文革"的肯定与支持，"一月革命"经验立刻传遍全国，当然也传到了北京和我们设计院。正当我院革命群众组织研究学习"一月革命"经验的时候，不知从哪里得到了一条言过其实的夸大信息，说我在同济大学东方红兵团当了头头之一，虽然只是误传但还是在院里引起了轰动，以至于影响到了院群众组织的选举，尽管我在设计院只是新人，很多人并不认识我甚至从未谋面，但我被选进了领导班子。对此，我在上海却全然不知。

有一天我突然接到一封北京来的电报"速回院"。我以为院里有什么变化或紧急任务，再加上也有借机推掉风雷公社职务的私心杂念，所以我没有再进一步求证，就拿着电报向外训班请了假立即动身返京了。到了院里才知道叫我回来的真正目的，我暗自叫苦，正应了老百姓常说的一句话，躲过了初一躲不过十五。和我一起去外训班学法语的宗仁民，命运和我如出一辙，他也被选进领导班子同样被召回。我虽然极不情愿，无奈只得认命了。然而，世界上的事往往山重水复疑无路，柳暗花明又一村，就在我一筹莫展时，建工部群众组织总部要求我院派一名党员到总部拟成立的部及司局长专案组参加外调。我自告奋勇去了专案组，心想只要坚持实事求是就可以避免错误掌握自己的命运。

外训法语二班结业纪念(同济, 1968.12.10, 石家騄提供)

离开上海后，我听说外训班不少学员也陆续回了原单位，留下的人不多上课也不太正常，老师也心有余悸不敢贸然上课。外训班已风光不再，处于留守待命状态。当中央发布了“复课闹革命”通知以后，大家也都很快收到了外训班要求学员返校的通知。这时大家又看到了外训班的生机和希望，所以纷纷回校。在职干部能有这样的进修机会很难得，谁都想善始善终完成学业，对单位、国家有所交待，对正常上课学习抱有很大希望。但大家陆续返回后发现，外训班境况依然如故，并无太大起色。老师也很为难，又想讲课又怕挨批，保险起见想了个两全其美的主意，偶尔能上课时就教毛主席语录、美国黑人领袖马丁・路德・金的演说等政治性英文资料。直到今天我还能背出英文版毛主席语录第一条。在反对崇洋媚外的强大声势下，如果有人在校园里大声念外语会令人惊奇和不可思议，往往会招致疑惑甚至厌恶的目光。

外训班学员来自全国各地各单位互不隶属，运动以来学员中各有不同认识和观点，遇有矛盾争执很难协调，外训班领导和老师又已经成了革命对象，不敢严格要求管理，谁说话也没有权威，运动、教学以至生活处于松散状态，人的思想也比较混乱。从上到下都不满意这种状况，于是大家一致强烈要求建工部委派一位得力干部常驻外训班，协助校方加强对外训班的管理，以扭转目前的局面。建工部对外局(中建公司)在“文革”中本身也自顾不暇，长时间没有条件和能力过问外训班，直到这时已实现了大联合产生了三结合领导班子，日常工作逐步走上正轨，才有条件应外训班的要求，以建工部名义派来颜本伦常驻外训班。颜本伦来后基本形成校方主要负责教学，颜本伦主要负责政治思想和运动的局面，在我们眼中颜本轮其实就是特派员或政治辅导员。

颜本伦到了以后，确实为外训班做了不少踏踏实实的工作，他深入学员中广泛听取意见，进行了多方面的沟通与协调并取得了一定成效。如他组织了关于外训班前途的讨论，与大家一起分析：若论外训班何去何从不外乎三种可能，①宣布解散各回单位，②维持原议加强管理，③运动学习兼顾修改教学计划。具体分析后认为，第一条，中途夭折以失败告终，部、校、人三方均不赞成，谁都不好交代。第二条，愿望是好的，但目前条件下要想恢复到原来状况，已不可能。“文革”还要搞多久谁也没底，这也已是共识。第三条，折中方案看来三方均能接受。所以在取得共识基础上，由外训班领导和教师研究制定具体方案，修改教学计划和规章制定。在老颜努力下外训班内部紧张关系得到缓解，运动学习生活方面有了共同遵守的起码秩序。一切活动逐步走上了正轨。

外训班修改教学计划后提出的新方案是建立起严格的运动与教学秩序，专时专用，做到运动教学两不误。课程方面：生活和一般用语阶段结束，开始第二阶段专业技术用语方面的学习。从此开始，以后的一段时间是“文革”开始以来，学习效果最好收获最大的时期，可惜这种局面来得太晚了。

1968年底，在师生共同努力下按计划学完了专业技术用语阶段的学习后，外训班宣布结束了。我没有加上“圆满”两字，主要是因为最后阶段，不管你是否接受或消化的灌注式的教学，带有明显的赶进度之嫌。最后并没有考试而只是考核，因而也未发结业证书。外训班结束后所有教职人员与学员，立即返回各自单位。最终，外训班总算还有个正式的，虽不理想但还算体面的结局。建工部上海同济大学外语训练班在经历了三年、一千多天的跌宕起伏后悄然落幕了。学二楼人去楼空，又恢复了往日的冷清与平静。结业归来本应高兴，但我却高兴不起来，在回北京的列车上一想到来时的雄心壮志和回时的颇多无奈，反而平添了一丝莫名的遗憾、失落与忧伤。

三、同济之行影响得失

回顾我在同济大学外训班这段经历，如果粗略地归纳与盘点一下，起码有三个方面对我以后的人生产生了很大的影响。

1. 仅学了点皮毛也派上了用场

在中学和大学我的外语课学的都是俄语没学过英语，正是因为上了外训班才使我有机会正经八百地把英语从头学起，为以后的进一步自学打下了一个初步的基础，而且收到了较好的效果。1980－1983年间我曾在中建总公司北也门经理部设计组工作了两年半的时间，当在设计图纸上标注英文时，我特别感受到了原来在外训班的所学对我的帮助。利用业余时间，我还和设计组同事一道在翻译的支持与帮助下，收集整理编辑了一本图纸上常用的英汉建筑工程词汇小册子。我去阿联酋出差时还特意在萨迦专门自费买了一架英文打字机，把小册子打印出来人手一册，使图纸上所标的英文规范统一，非常实用很受欢迎。我们在北也门去工地现场解决技术问题时，不一定都要带英语或阿拉伯语翻译，因为都是中国公司施工。但有几次也遇到过这种情况，像总统官邸、政府办公楼等重要工程，也门政府工程部聘用的多为埃及或印度的监理工程师，有时在现场相遇他们临时动议要谈有关问题，碰巧又没有翻译在场情况下，我只能壮着胆子去对付一下，谁让我还受过一点“胆大脸皮厚”的训练呢。我想大家都是外国人说外语，所以不管是否完整，语法是否正确，指点着图纸再加上手势，也能基本沟通把问题解决。

1982年我和一名同事去阿联酋参加投标，翻译提前到达准备届时在机场外接我们。我们过海关时有点麻烦，原因是当时我国还未与该国建交，而我的同事所持的是公务护照，不能入境。费不少劲最终总算说清楚了入境手续在机场外接机处CCEC(中建总公司)某某手中，他们联系到了人，有惊无险终于把问题解决。同年我还两次独自去非洲苏丹首都喀土穆的中建驻苏丹办事处去谈一项目，由于苏丹办事效率低，我两次拍给办事处的电报，都是到苏丹几天后才收到的。第一次出了机场久等无人接，我又不知道地址，一看出租司机

鲁迅公园合影

说英语，我灵机一动就上了车直奔中国驻苏丹大使馆，到了使馆再请他们送我到办事处。第二次又无人接，我虽然不记得街名但已经知道了办事处具体位置，所以我让出租司机去尼罗河大桥，他问：是钢桥还是钢筋混凝土桥？我说钢筋混凝土桥，到了桥以后再指示他左右转顺利地到达办事处。我说这些琐碎小事的意思是说，如果没有外训班的学习和打的那点基础，遇到上述各种情况可能就会是另外一番景象了。尽管只是粗通英语，或者说只是认识几个字，只学了一点皮毛，但有时在关键时刻这一点皮毛还真派上了用场，解决了大问题。

2. 没想到成了上海的女婿

外训班从1965年12月底报到至1968年12月底结束断断续续地经过了大约三年时间。除了回单位的时间外，我在同济的时间加起来也有一年多至两年。由于期间正赶上“文化大革命”，建工部要求我们与同济大学的学生一起就地闹革命，因此有机会和条件认识和接触了不少同济的老师和同学。特别是我所负责的风雷公社秘书组中的数力系应用力学专业五年级的同学们，由于大家长时期的一起运动一起工作大家都成了朋友，尤其是共同经历了“文革”初期那些惊心动魄的日日夜夜，观察到了他们的积极热情、认真敬业、团结友爱的表现，了解到了他们的性情、品德和素养，他们给我留下了很好的印象。这时其中的一名女同学顾敏君引起了我的注意，她漂亮而不娇气，话语不多但有主见，富有同情心和正义感，仔细认真责任心强，总是在人们散去之后默默地收拾秘书组办公室的烂摊子。慢慢地我们互相有了好感，接触逐渐频繁，了解不断加深，感情不断积累，进而很自然地发展成了爱情。在认识两年后于1968年3月，在她毕业分配至冶金部西安冶金建筑学院力学教研室，即将离沪的前夕，我们登记结了婚。从此她成为北京媳妇，我也成为上海女婿。

本来她是1966届学生1966年7月即将毕业，谁知开始了“文化大革命”，把正在北京中国建筑科学研究院实习的他们召回学校参加运动暂不分配。而我与力五同学本无来往，也是“文化大革命”不能离校就地参加运动，我们才有机会认识好交往，所以人生当中有诸多不起眼偶然，却决定了自己的人生走向和命运。

谈到顾敏君的毕业分配问题还有一个小插曲。1967年下半年我院人事室陈静远主任得知我的女朋友在同济大学并即将毕业分配时说：同济大学是我们的部属院校，把她直接分配到我院很容易也简单，而且同济大学有不少熟人，副校长徐文就是从我们部调过去的。她还很自信地说：过几天我到同济去一趟把学生要过来就行了，如果等学生分到别处去了再调动就复杂了。我听了很高兴觉得这事已经没什么问题了。不久陈主任果然亲自到了上海，我到同济大门口接到了陈主任，正满心欢喜地陪着她走向校长办公楼时，只听到大喇叭里正在直播批斗大会的实况，口号声锣鼓声响成一片。突然广播里爆发出震耳的口号："打倒徐文！""徐文必须老实交代！"我和陈主任不约而同地站住了，再仔细听听喊的是什么，当确定无误时陈主任脸色凝重悻悻地说："看来我这次是白来了，这种形势下他做不了主了，也许哪个领导也做不了主了！"真是乘兴而来扫兴而归。事情虽未办成，但我仍对陈主任为我而专程来同济非常感谢！想起从枪林弹雨中走过来的那些老一辈领导，对年轻晚辈的那种发自内心的真诚关怀与爱护，总是使我深深感动和肃然起敬。

两张发黄的旧名单使我想起了外训班，虽然这一页历史已翻过去半个世纪了，但它无形的影响几乎一直贯穿于我后来的几十年中，我一直都把它视为一段难得和重要的人生经历和体验，这段非同寻常的经历将会永远铭刻在我心中。

【附录】 外训班入学时临时分班名单(法语班邢福贵提供)

法语班 ① 邢福贵 甄文彬 张元才 宗仁民 高忠信 李玉文 蔡宗泽 张万立 吕养正戴旭平 张智昇 吴运城 ② 徐光国 周克钿 陈惠平 叶枝荣 田光前 王仁中 赵家奠 高占君 张九龄 袁勤俭 袁凤云 ③ 李云龙 房聚财 杜嗜左 石家騄 韩树仁 魏世然 王贵增 张夔元 薛鸿斌 傅从云 黄士星 张胜才 梁树怀 江新泰

英语班 ① 王侠宗 季良华 刘甫承 蒋厚本 舍德山 王晓明 郑文斌 时继忠 王惠民李复生 巴图尔 ② 李显龙 刘敦山 郭凤岐 严汉元 汪万起 张宜泉 龙文才 丁丙智 刘文才 张文博 孙世富 巢国清 ③ 韩作贵 乔文根 罗文斌 曾宪智 陶世斌 冯赓立 夏智德 李连庆 熊佑能 吴正严 郑永茂 王祖厚

滕公栅栏墓地修复忆旧

吴梦麟

北京历史上有数次基督教(即景教、天主教、耶稣教和东正教等)的传入，从元代直到清末民国，但在北京专辟一块土地作为传教士的安息之地始自利玛窦，这就开启了外国传教士去世后不再回国或葬到澳门等地的惯例。因此，北京保存了较多明清时期传教士的墓地和墓碑。随着时间推移，墓地遭受了不同命运，目前仅存利玛窦、汤若望、南怀仁三座墓，坐落于北京阜成门外车公庄大街北京行政学院校园内，历史上称之为“滕公栅栏墓地”，现已将三座墓及原嵌在马尾沟教堂外墙壁上的60座墓碑一并保护，以“利玛窦及明清以来传教士墓地”命名，定为全国重点文物保护单位，成为反映北京历史上中西文化交流的一处特殊文化遗存。

1610年利氏逝世后，传教士庞迪我、熊三拔上奏万历皇帝，帝诏书“以陪臣礼葬阜成门外二里沟嘉兴观之右”。该地俗称“滕公栅栏”，占官地20亩，房屋38间。之后，庞、熊二氏又在此建教堂，逐渐成为北京教士公墓之一。其始建至今已逾四百年。漫长的岁月中，墓地及教堂等经历了几度沧桑。

建国初期，虽有些教会学校改名，但马尾沟教堂(俗称石门教堂)与墓地基本依旧，宗教活动照常进行。1954年中共北京市委党校开始筹建，市委副书记刘仁看中了这块地。市政府将海淀区西北旺的一块地拨给天主教会以换取这块地，还以10万元(旧币)购置了山字形楼和口字形楼两幢建筑，并安置了部分无业神职人员。有人回忆，1956年党校落成开学，双方相安无事。当时教堂被保留，并照常进行宗教活动。据说，每逢礼拜日，钟声响起，远近教民前来聚在教堂里，唱圣歌，听布道。党校的学员们路过教堂时，有的人还好奇地隔窗张望，还有人索性走进教堂观看活动情景。后来，对墓地是否搬迁，校方与教会方面意见不一致，为此还请示了国务院宗教管理部门。有党校老人回忆，周总理亲自决定，将利玛窦、汤若望、南怀仁三位耶稣会士墓及碑仍在原址保留，龙华民、徐日升、索智能等三人的墓碑移至教堂后院，嵌在教堂外墙的77尊明清两代神父的墓碑也在原处保留。其他传教士和教民的遗骨及墓碑，均迁至西北旺墓地。据说当时迁走的墓达837座。到了1958年，马尾沟教堂被捐给党校做仓库。直到1966年前，利、汤、南三氏墓地，仍是北京文物部门保护的文物。在1958年的文物普查中，还有详细的考察和记录。《文物古迹调查登记表》记录了汤若望、南怀仁两碑碑身有断痕，其余完好，墓前有石质花瓶一对，石马一对及石虎、三墓室顶均为砖砌长方形等史实。

1966年“文革”开始，利玛窦、汤若望、南怀仁三位传教士的墓地自然在劫难逃。余三乐先生曾撰文提到：1966年8月的一天，附近建工学校的红卫兵开始围攻校领导，质问：“你们挂着马克思主义的招牌，却搞的是资本主义，封建迷信，为什么外国人的墓碑还不拆？限你们三天必须拆掉！”当时也无法向市委和国务院宗教事务管理局请示，那些机构早已瘫痪。在万般无奈下，党校一名负责房管的人员建议三方墓碑深埋保护。第三天，红卫兵见墓碑依旧，十分不满，那名工作人员对他们说：“就等你们来，咱们一块儿拆，挖个坑把碑埋起来，叫它永世不得翻身，行不行？”“革命学生”认可了这种方法。于是大家就在墓地前方挖了三个一米多深的坑，用绳子将碑拉倒并掩埋，满头大汗干了一整天，最后他们满意地走了。一老职工回忆，当时拆毁三座墓碑，曾挖出骨灰坛。墓碑草草掩埋不深，为70年代修复埋下了伏笔。之后市委党校也被撤销，原校舍和办公室改为市委第四招待所。1973年，招待所拟建一食堂，出了个拆除旧教堂(当时作为仓库)的主意，得到市里批准。

1978年春，一天，同一办公室的于杰先生悄悄告诉我，他在党校传达室工作的一个朋友，冒着风险偷偷到他家告知“党校内正在拆除教堂，赶快去看看”的消息。我们一起搞地上文物保护工作，他还说过：“夏鼐所长曾向他打听过利玛窦墓的情况。”于是，我们借外出工作机会，到了党校，正赶上郊区农民组成的工程队在拆毁教堂。

残破败落的石门教堂石门

原镶嵌在教堂外墙上的传教士墓碑碑座

当时工地尘土飞扬，噪声震天，建筑顶部已露天，我还记得穹顶上绘有图案，呈长方形教堂的木柱结实、美观，据工人说是菲律宾木。看到教堂外墙上拆毁的墓碑，我们心急如焚，苦口婆心劝说师傅们手下留情，建议将这些墓碑堆放在一旁，待以后想办法保护。据工人说，他们只要好木料，其他不管，致使那记载着历史的77尊传教士墓碑和龙华民、徐日升、索智能等的墓碑和那方清光绪二十九年(1899)秋立的“庚子之役”后一些相关国家要求清政府拨一万两帑银为他们重建墓地的刻石，都散落在院中，十几通墓碑下落不明。

拆毁教堂时抢救下来的部分墓碑(摄于1979.3)

我们拍摄了几帧原镶嵌在教堂外墙上的碑石被拆毁的实景照片，粗粗考察了碑石的年代与内容，少量为明代的，多数为清代的，石质多为房山白与汉白玉质，极为珍贵。没想到当时简单的考察为以后笔者有幸参加利、汤、南三位传教士墓地及墓碑的保护提供了条件。

第四招待所后迁至今新大都饭店处，食堂也未建。马尾沟教堂因要建食堂而被拆除，墓地和教堂被破坏的惨景令国内外有识之士关注。

据《夏鼐日记》载："1978年7月15日赴院部参加关于赴意大利学术代表团的问题会

议，刘仰峤主持……将由四人组成，许涤新为团长，钱钟书、丁伟志和我为团员，8月底离京，9月3日至9日开会，可在意大利参观访问一星期”，“9月1日12时半抵罗马”，“9月22日从意大利返京”，“9月28日许涤新单独向院部党委汇报访意大利事”，“9月29日上午院部全体党员，听访意代表团汇报”。“日记”印证了余三乐先生在“文化泛舟”文和《早期西方传教士与北京》一书中的叙述：1978年9月许涤新率中国社科院代表团赴意参加“欧洲研究中国协会”会议，其间有位在利玛窦故乡马切拉塔大学讲授中文的柯拉迪尼教授，曾对许提及上半年曾与意政府交通部长和意中经济文化交流协会科隆博先生一道访华，了解到北京市委党校内的利玛窦墓地已被平毁。科隆博有一愿望，即按意大利保存的墓碑仿制品，用大理石重新镌刻一新碑，赠送中国，重在原处竖立，以示纪念。“日记”记载9月28日许涤新单独向院部党委汇报访意大利事，次日院部全体党员听代表团汇报。1978年10月14日：“在北京三里河许涤新家，赴意大利代表团的几位聚在一起谈总结已由院党委通过，利玛窦墓碑恢复问题，已由院转中央……”(“日记”卷八246页)反映了代表团返国后，对恢复利玛窦墓碑的事采取积极行动，期望早日实现。

民政局档案中记载：10月4日许涤新即向时任中国社科院院长胡乔木写了一份报告，汇报了上述情况并且建议，鉴于上述意大利学者和友好人士对利玛窦墓的重现，拟请院部向中央建议，胡乔木阅后，即上报李先念副主席，并注上“请审阅，拟同意”六个字。余三乐先生在北京民政局查到了这份报告的复印件，在报告的文眉间，不仅有李先念副主席圈阅的标记，而且还有四位最高领导人华国锋、叶剑英、邓小平、汪东兴圈阅的标记，得到了最高领导层的认可，中国社科院即于10月24日向北京市革命委员会发出一份题为“关于修复意大利学者利玛窦墓”的函件，全文如下：

在我国元朝(笔者注：应为明朝)意大利学者利玛窦来中国讲学，后来死在中国，葬在北京现市委党校院内。现在墓、碑均已平毁。今年9月，我院副院长许涤新访问意大利时，意柯拉迪尼教授反映，意交通部长科隆博今年上半年访华得知利玛窦墓已被平毁后，表示愿意新镌刻一个墓碑，希望重新竖立原处。考虑到利玛窦曾对沟通中西方文化作出过贡献，因此许涤新同志回国后向中央建议，修复利玛窦墓，并经华主席和四位副主席的批准，现将许涤新同志建议的批示影印件附后，附复印件照片，请批转有关单位办理。

当时任北京市委副书记的毛联珏看到这一函件后，批示“立功同志阅，是否让民政局

被砸断的明崇祯十三年安文思墓碑

主办为好”。这样便将修复利玛窦墓地的任务下达到市民政局。次年元月，“日记”中记：“1月13日，赴经济所，为赴意代表团未了之事，由许涤新同志召集，钱钟书、吴志良参加，丁伟志请假，院部及北京市各有一人参加，还需商量一次，一即重立利玛窦墓碑事，二为邀请施波尔访问事。”(“日记”第268页)余三乐先生在民政局档案中抄得会议记录的几项要点：

① 此事中央几位主席已圈阅，同意把墓碑恢复起来，给市委写了函，市委毛、李书记已批示，由民政局主办。

② 墓碑在市委党校院内，拟原地原样恢复起来。据夏鼐同志说，原碑砸坏后埋在党校院内。尽量用原来的碑，如原碑不行了，就从(重)新刻，北京图书馆有踏(拓)印的碑文。

③ 就在原地立碑，碑前搞一个长方形的墓就行了。材料经费请北京市解决。

1979年春夏之交，北京市文管处业务组找我与市民政局刘建山等先生一起商量研究利玛窦墓的修复问题。据民政局同志说这项工作是中央批准由北京市承担完成，时任副书记毛联珏批给民政局。经查利玛窦墓为无主坟，而修葺古代墓又非民政局特长，他们十分为难，于是找文物部门商量，希望共同完成这一重任。当时经费已划拨给民政局，计5000元，听后我们也感到任务重要与艰巨，但又不能推卸。另外，笔者也曾在此前有过考察"文革"中被破坏的利玛窦、汤若望、南怀仁三位传教士墓和马尾沟教堂的经历。这些特殊经历促使我敢于承担这项任务。

修复工程开始前，首先要做的事是找到墓地前的碑(记得墓丘还有些残留)，为了万无一失，向党校经历过"文革"或目睹、听说过墓地破坏的老同志打听了解破坏的经过。综合多方面意见后，决定发挥自己考古专业的特长，用开探沟的方法，先不找利氏墓碑，而从东侧南怀仁墓前开方，找到经验后再扩大开方面。当第一条探沟挖开后，不深处就露出了已断为两截的南氏墓碑，令人兴奋。紧接着又开两条探沟，利玛窦与汤若望的墓碑也相继出土，三通墓碑又重见了天日。"日记"记载："1979年5月17日北京文物组(应为北京市文物管理处)吴梦麟同志来谈关于利玛窦墓碑事，已找到原碑，明后天将动工修复。"("日记"第299页)

之后，就开始了修复工程。因事关重大，特聘请曾参加人民英雄纪念碑镌刻修建的北京雕塑工厂为修缮队，他们派出有经验、工作态度认真负责、技艺高超的老工人，保证了工程进度与质量。在按1958年普查档案修复了三座墓丘和围墙后，遇到了一个难题，就是重新修筑碑罩的问题，民政局坚持只修利玛窦墓碑碑罩，其他两座因经费不够不予考虑，我们也只好同意。但碑罩的花纹图案较复杂且为高浮雕，工程难度较大，多次实验用料方案及图案设计，终于经多方查找得到一张有碑罩的利玛窦墓碑照片，请师傅们按原样恢复，这样既恢复了利氏墓碑原貌，也增加了美感。另外，幸存的几株树我们也力争保护下来，今日墓前绿树成荫，一处肃穆静谧的中西合璧式墓园已成为人们瞻仰凭吊中西文交流史上三位名人难得的去处。

从1979年修复墓地开始至今，北京市委党校也做了不少工作，除利玛窦、汤若望、南怀仁墓园及60座墓碑碑林外，原文声学院的口字形楼、山字形楼等也一并被保护。前面提到的那位头脑灵活、应对能力强的房管科老人在我们修复墓地时也给了极大帮助。据党校沈昌瑞老人不完全统计，2010年10月前他已接待逾千人，一位平凡老人自愿向国内外游人述说逝去的历史，令人肃然起敬。下面从我残存的日记片段中摘录部分记录：

1979年

5月17日　至中国社科院考古研究所向夏鼐所长汇报利玛窦墓碑已找到原碑，明后天将动工修复。10月8日　至墓地了解施工情况。10月13日　与市民政局刘建山、民政局修缮队李宗联在工地商量下一步工程事宜，请领导决定碑罩，墓葬形制方案。12月10日　与民政局刘建山先生验收利玛窦墓工程。12月24日　在利玛窦墓前接待中央电视台采访。

1980年

3月3日　在利玛窦墓前接待法国大主教。3月17日　与文物局计财处商量利玛窦墓工程结算事宜。5月27日　在利玛窦墓前接待新西兰二秘。5月30日、6月10日　至利玛窦墓看工程。6月12日　利玛窦墓工程完工，记者张惠贤一同清扫现场。6月21日　在利玛窦墓前接待路透社、朝日新闻等外宾6人。6月22日　至利玛窦墓查看。7月4日　接待荷兰一秘。7月31日　接待意大利大使馆人员。10月29日　接待荷兰首相参观。

1981年

5月20日　与赵学勤至市委党校查看南怀仁墓情况。5月21日—22日　至北图、文物局资料室查南怀仁墓碑拓片。5月29日　苏华、赵学勤、吴梦麟接待比利时国王、王后参观南怀仁墓。

日记片段只能记述一些事情的大致情况，但也显示出墓地修复后的影响是深远的，作为直接承担修复工作的我，卅多年后再作回忆，也感到欣慰。

1945，美国大兵布劳齐在平津

周利成　顾永林

为纪念辛亥革命100周年，2011年，天津市档案馆与天津电视台国际频道合作拍摄了十集《辛亥革命与天津》专题片。一次，我们到电视台，他们正在后期制作一位美国老人回忆当年在天津的生活。编导王煜铭先生介绍说，他叫爱德华•布劳齐，是二战时期的一位老兵，1945年曾来华在天津执行任务，向汉沽的一个村子里扫射了十几分钟，虽然不知道究竟死伤了多少平民，但那惨烈的一幕却一直萦绕在他的脑海，66年来始终挥之不去。为了表达自己的忏悔，他决定为天津人民做一点事情，将他当年在华期间拍摄的照片和一些实物捐赠给天津政府，但还没有决定捐献给哪个部门。我们听后马上说，当然应该捐献给天津市档案馆啊！经过多次的邮件联络沟通协商，布劳齐先生终于同意了我们的建议，并且决定即刻从美国动身亲自来天津捐赠。

莽夫之勇，留下终身悔恨

爱德华•布劳齐，1924年4月17日出生于纽约，1941年加入美国海军陆战队，1943年至1946年分别参加过在美国本土、日本冲绳、中国等地的军事行动，时任纽约州退伍军人组织理事会会长。在他此次捐

驻津美军的运输机

赠的自传《勇气，懦夫，勇气！！！》里，他对自己人生的三个阶段进行了阐述，为我们揭开了一段尘封往事背后的真相。

1945年8月15日，日本宣布无条件投降。为与中共抢夺胜利果实，蒋介石下令天津城内日军和伪军不准向八路军部队缴械，当八路军试图进城时，遭到城内日伪军的疯狂抵抗。与此同时，国民政府允许美国海军陆战队第三军团在塘沽登陆，并授权美军在天津接受日本驻军投降。9月30日，美国海军陆战队第三军团司令骆基率第一师1.8万人在天津塘沽登陆。10月1日，美国海军陆战队4000余人进驻天津市区。10月2日，国民党天津市政府成立。就在同一天，骆基与天津市副市长杜建时秘密商谈占领北平至山海关的铁路交通线的相关事宜，如受到共产党军队的攻击，美军可执行必要而适宜的军事行动。到1946年9月6日，国民党军队已接管了华北所有交通枢纽，美军仅负责保护补给车队的任务。随着国共内战的开始，国民党军队节节败退，1947年6月18日，美国海军陆战队撤离天津。布劳齐就是在这个大背景下来到中国的，关于他在中国期间的情况在自传里有详细记载：

1945年时我只有21岁，在美国海军陆战队服役。我们先是到日本，参加了历时82天的冲绳岛激战，但随着美国两颗原子弹的爆

接收天津的美军进驻马场道体育馆

Swords the Japanese delivered.
日方繳出之軍刀.

布劳齐拍摄的日军在津受降仪式

炸，第二次世界大战就骤然收场了。正在大家幻想着回家庆功之时，我们的部队被转派到了中国。

书面命令指示我们此行的任务是：接受日本投降的武器；协助蒋介石和倡导建立“大东亚共荣圈”的日伪军；“保护”英国人的开滦煤矿。但我们接到真正的口头命令却是“同两个月前我们浴血奋战的敌人——日本部队紧密合作”。后来我们才知道这样做是为了让蒋介石的国民党而非毛泽东的八路军接收日本关东军的武器。我们3个步枪连的具体秘密任务就是看守位于芦台、汉沽、北塘的三座海河铁路桥。

改变我命运的事件发生在1945年11月的一天，我们K连3排和I连、L连的另外两个排一起从唐山坐火车开往天津换岗。L连的一个排在芦台桥头先下了车，随后我们排在汉沽桥头下车，剩下的I连的最后一个排继续前往北塘。我们刚下车不久，就听到一声爆炸巨响，转头发现我们刚才乘坐的火车大概在一英里之外停下来了。作为排长的我，立刻带了两个

抗战胜利后，国民党军队进驻津城途经天津火车站

抗战胜利后，国民党军队进驻天津城

天津市民庆祝双十节的游行队伍

日本投降后，天津街头的游行队伍

慶祝雙十國慶紀念

天津市民庆祝抗战胜利的花车

班，到汉沽车站找了一辆火车，用枪指着司机的脑袋，命令他把车开到了事发现场。

庆幸的是，我们的战友们无人受伤，只是车头脱轨了。几分钟后，赶来了一帮伪军和一支手持“南部机枪”的日本部队。短时间内，在铁路旁聚集了来自3个国家的4支部队：我们K连3排在中间，日本兵在我们左边，气势汹汹的伪军在我们的右边。虽然我们都听不懂对方说了些什么，但从一个日本指挥官的样子看，他显然知道这事该怎么处理。随后，我们一起奔向距离事发地点几百米的一个村庄，向村里扫射了十几分钟。虽然事后我们没有进村查看伤亡情况，但这件事让我们清楚地认识到在当时的天津谁说了算——美国海军陆战队、

天津市民在老西开教堂前庆祝国庆节

在天津营地时，中国人为他煮咖啡

汉沽菜市场

塘沽永顺堂药材市场

天津南市登瀛楼饭店一带街景

驻津美军出操训练

布劳齐

金汤桥

天津原法租界劝业场街景

天津罗斯福路(今和平路)街景

天津街景

天津原意大利租界街景

天津原意大利租界街道上的汽车

北平火车站

崇文门大街哈德门饭店

北平前门箭楼

东交民巷使馆区

日本帝国军队和他们的傀儡伪军。

我们排里的大部分人都明确表示不喜欢我们的任务，但是我作为排长的职责就是执行分配的任务。我当时也没想太多，但几个月后，我回到美国反复回想在中国所发生的一切时，我才意识到这是怎么回事，我记得1945年9月22日，当我们第一次抵达天津时，大约有100万中国民众热烈欢迎我们这些与他们并肩作战的友军。我们接收天津后不久，国民党的军队也陆续抵达天津。他们大多乘坐火车而来，在天津东火车站，同样受到天津市民的热烈欢迎。我也奉命到车站迎接国民党军队，用相机记录下了这一时刻。

虽然我们来到天津时，市民是那样地欢迎我们，但短短的4个月后，在我们离开之前，美国海军陆战队员们已经变成了被仇恨的对象。我亲身经历的这次所谓的"事故"以及后来很多类似的"事故"使我们变成了日本侵略者的帮凶。布劳齐人生的第一个阶段，就是参军的经历，这期间虽然尽逞莽夫之勇，留下的却只有悔恨。

在华的四个月里，布劳齐主要

西单大街

北海

是在天津执行任务，他曾到过塘沽、汉沽，闲暇之余，逛过汉沽的菜市场和塘沽的永顺堂药材市场。天津法租界的劝业场、登瀛楼饭庄、老西开教堂、惠中饭店舞场、光明影院，意大利租界的马可波罗广场和回力球场，英租界的利顺德饭店和中街上鳞次栉比的外国银行，都给他留下了深刻印象。他还参与了10月6日在承德道美国第三军司令部门前举行的日军受降仪式，10月10日天津市政府组织的大游行活动。在临近回国的前一周，他曾短暂到北平观光游览。他爱拍照，手中的相机不仅记录下了他在天津的生活状况，而且也定格了当年塘沽、汉沽、天津市区的街景和北京名胜。

饱受煎熬，做了66年“懦夫”

布劳齐回到美国后，陷入了无尽的忏悔，但是始终无法正视自己的悔恨，逃避中国，逃避过去，认为自己是一个十足的“懦夫”。

布劳齐曾就读于威廉姆斯学

北海小西天功德牌坊.

颐和园万寿山全景

紫禁城西华门

院、达特茅斯学院等著名学府，后获得国际关系硕士学位。20世纪50年代至90年代末，他致力于工会组织工作，曾任美国电子机械工人联合会国际代表和纽约州劳工联合会主席等职务，还曾当过美国著名黑人运动领袖马丁·路德·金的贴身护卫。

但他人生的这些辉煌经历，并没有使其忘记他在中国的所作所为。在此后的几十年，每每一听到“天津”“芦台”“塘沽”或是与中国抗战有关的词，那发自内心的痛苦和惊恐始终煎熬着他的心灵。改革开放后的中国发生了巨变，每当有人告诉他中国和天津现在的情况时，他仍不能面对过去，也不敢相信这些就是他记忆中经历战争的城市。为了表达自己的忏悔，他写了一些回忆文章，勇敢地说出历史真相，向民众公开这段鲜为人知的历史。他不但自己写，还通过记者对自己的采访报道，进行深刻的自我谴责。

鼓足勇气，踏上捐赠档案之旅

在人生的第三个阶段，他决定正视自己，正视历史，鼓起勇气，回到中国看看。一方面是去故地赎罪，另一方面希望将自己保存的大量珍贵档案资料捐给当地档案部门，用于更好地保护、研究这段历史。

2011年10月2日，对于将近90高龄的布劳齐来说，是个期盼已久的日子。这一天，他在70多岁、身患癌症的妻子纳奥和59岁女儿琳达的陪同下，来到天津市档案馆捐赠档案，于是就出现了本文开头的一幕。据统计，布劳齐捐赠的档案资料一共278件，内容包括：涉及他个人经历的档案资料，除自传外，还有两份美国报纸；他到天津后学习中文的笔记、贺卡和信封；美国海军和中国国民政府为方便美军生活印刷的小册子、中华民国国旗图案的纪念章等。

当完成捐献仪式后，布劳齐紧紧地握住档案馆接收人员的手，眼中闪着泪花，不住地说：“谢谢你们，谢谢你们！是你们给了这样一个向天津人民赎罪的机会，是你们拿掉了压在我心头66年的大石头！66年后的今天，能为天津人民做一点有益的事情，我的内心平复多了，好受多了！”

在这些档案资料中，照片的数量最多、最全，有他在中国服役期间拍摄的美国海军陆战队的训练和生活照，还有反映天津接受日本投降和庆祝双十节游行等活动的照片。值得一提的是，这些档案资料虽多形成于60多年前，经历了历史和战火的洗礼，至今仍保存完好，这与布劳齐的精心保管是分不开的。

这些档案资料是近代天津历史发展的真实记录，反映了二战后期天津政治、经济、文化的情况，为社会公众找寻旧时记忆提供了依据。此前，天津市档案馆保存的此类档案资料较少，因此显得尤为珍贵。同时，这些原始档案资料真实、生动、感染力强，是很好的爱国主义教育资源。

捐赠档案后，布劳齐再次来到了他曾留下忏悔的汉沽——他当年曾经站岗、巡逻、激战过的地方。60多年的时间过去了，汉沽已经发生了翻天覆地的变化，当年贫穷落后的乡村已经完全改变了模样，他久久地站在故地，静思忏悔，眼前再次呈现出当年他曾经扫射过的村庄……他表情凝重，伫立良久，虽然没有听到他说什么，但我们相信此时此刻，他的内心正在向当年的遇害者致歉，向汉沽人民致歉！

当白发苍苍的老先生不顾高龄，不远万里，携妻带女，亲自踏上中国这片土地，来到天津表达对战争年代所犯错误的深深愧疚时，当他把自己妥善保存的珍贵档案资料无偿捐赠时，充分表现出他对历史的尊重和他人性的彻底回归，为他多年来的心灵赎罪画上了一个圆满的句号。

回访布劳齐

2012年7月，我馆的有关人员赴美国征集档案，我们专门抽出时间去拜访了布劳齐先生。他住在纽约州首府奥尔巴尼，一个风景秀丽的小城，人口不足十万。年近九十的布劳齐腿脚不利索，但是还坚持开车去上班，服务退伍军人。他见到我们，非常激动，当看到刊登他事迹的《中国档案报》时，更是高兴得合不拢嘴。他为我们提供了寻找天津档案的建议，并让女儿帮助我们留意和查找。

布劳齐还给我们介绍了他的一位朋友，格瑞葛·米勒特先生。经过了解，我们才知道布劳齐之所以能返回中国看看，很大程度上是受这位朋友的影响。格瑞葛·米勒特的父亲克林顿·米勒特是个医学博士，二战的时候随着众多援华美军一起来到昆明。他以一个美国人的视野，一颗平常的心，观察着当年的昆明。他把昆明的山水和人物用彩色胶片记录下来，一共拍摄了100多张高质量的幻灯片，并且把所见所闻用书信的形式寄给了夫人和孩子。这些照片和日记最后都传给了格瑞葛先生。

颐和园的长廊

颐和园内的铜牛与十七孔桥

颐和园石舫

颐和园谐趣园

北海九龙壁

北海琼岛

从中国回到美国后的布劳齐

布劳齐捐赠档案后与笔者(左三)等合影

2004年1月，格瑞葛·米勒特先生通过电脑网络查询昆明的旅游信息，由此认识了云南探险旅行社的总经理金飞豹先生。同年5月，他在孙女克瑞丝特的陪同下，来到昆明，将珍藏了60年的幻灯片刻成高清晰度的光碟，交给金飞豹先生，并且全权委托金先生在昆明举办一个公益性的昆明老照片影展。于是，名为“华夏.1944.彩色昆明 BACK TO KUMING”的图片展顺利举办，引起了昆明市民的强烈反响，30天的时间，创下日均万人的参观记录。通过这些活动，格瑞葛表达了对父亲的纪念，让更多的人认识了那段抗日战争史，从而增进了中美两国人民之间的友谊。

格瑞葛圆了父亲的梦，也圆了自己的梦。受格瑞葛的启发，布劳齐也产生了去中国看看的念头，这才想方设法联系天津的相关部门，最终也完成了心愿。

更正启事

《民间影像》第七辑“八千里路云和月”一文插图说明中“傅科”应为“傅珂”，《抗战胜利·民间影像特辑》第219页照片印反，特此更正并致歉。感谢郑维宁和徐家宁先生指正。

一个具有先锋意识的建筑师

潘小娴

陈伯齐(1903~1973)，广东台山人，著名建筑师、建筑教育家，建筑理论家。陈伯齐出生于著名侨乡台山汶村一个归国侨工家庭，父母生活并不阔绰，时常捉襟见肘。童年时期，陈伯齐便经常到村里的陈氏祖祠和引宗陈公祠，欣赏与临摹墙壁上的绘画。勤奋好学、年年考第一名的陈伯齐，得到了“举全村之力”筹集到的“两大箩筐银元”，得以离开当时还较偏僻的汶村，来到省城广州读书。

1930年他考取了广东省公费，留学日本，在东京工业大学建筑专业学习。留日期间，陈伯齐因参加地下革命运动受波及，被迫中断学业，离开了日本。1934~1939年求学于德国柏林工业大学建筑系，1940年回国后创办重庆大学建筑系并任系主任1943年，陈伯齐与一批留学德日的教师被迫离开重庆大学，结束了短短三年的重大生涯。40年代他曾任重庆浮图关体育场总工程师、都市建设计划委员会委员兼建筑组组长。抗战胜利后他回到广东，后历任中山大学、华南工学院建筑系教授、系主任。任教期间，曾数次作为中国建筑师代表团成员，考察罗马尼亚、苏联及古巴等国。1958~1959年，作为广东建筑学会代表之一，他两次参加北京十大建筑设计组工作。由他参与或主持设计的主要作品有重庆浮图关体育场，广州文化公园总体规划及展览馆设计，广州园林一条街实验性住宅，华中工学院、中南动力学院、中南水利学院校园总体规划等。

陈伯齐重视建筑功能与技术上的合理性，强调首先保证“适用”功能的圆满解决。他是国内在建筑教育上地方特色最早的提倡者。在建国初他就深感我国幅员广阔，各地建筑应该有自己的特色，明确提出华工的建筑教育要以亚热带地区的建筑理论和建筑设计为中心。这在当时的中国建筑界，具有开创性的意义。

虽然曾在现代主义建筑的诞生地德国及深受德国建筑教育影响的日本留学，但陈伯齐并未将德国现代建筑的形式简单照搬到岭南。他结合广东地区的气候特点，提出了明确的具有原创性的地区建筑学理论。在其倡议下，1958年华南工学院正式成立了亚热带建筑研究所，重点研究南方地区住宅建筑的隔热、通风、遮阳等问题。陈伯齐亲自担任亚热带建筑研究所所长，成为中国第一代进行亚热带建筑理论研究的学者。在其主持和倡导下，华南工学院的建筑热工研究取得了相当大的成就，1978年曾获全国科学大会奖。

陈伯齐伉俪

陈伯齐主持、参加和指导设计的工程100余项。早在1951年，他就与11位建筑师合作，共同设计了华南土特产交流会的12个展馆。这些形式各异的展馆，均以现代主义手法，自由变幻，体形活泼，不事装饰，颇具南方建筑灵巧通透的风格，为岭南建筑的发展奠定了基础。1954年，他又参与设计了主体为“洋花园式”风格建筑群的“中国华侨第一村”——广州华侨新村。1953年则参加了华中三院的校园总体规划设计，1958年又参加了北京人民大会堂的设计，等等。

除了自己积极参与建筑设计，陈伯齐还带领学生经常参加各种设计实践。从50年代末开始，华南工学院建筑系分成许多规划工作组，到广东各地做农村居民点的规划与设计。

陈伯齐(前排右二)参加广西南宁民族饭店设计评图后合影(1960)

如到番禺人民公社的沙圩居民点、汕头市郊区澄海人民公社、肇庆市高要人民公社等人民公社做了大量居民点规划设计与公共建筑设计。另外，他还带领青年教师和研究生一起设计了广东南海县礼堂，并在该礼堂中首次使用先进的薄壳结构。

正是从众多实践设计中，陈伯齐深刻认识到，只有由实际经验和体验训练出来的建筑师，才能明白建筑与生活环境的紧密联系，明白社会习俗和需求及地域特性，才能设计和建造出真正的好房子。1959年，他在华南工学院校报就曾撰文《崭新的教学计划》，提出了自己的具体构想，平常的课程设计，要尽量结合实际，视条件的适合与可能，结合生产。在这份《崭新的教学计划》构想中，还特别强调学生参与“体力劳动”的重要性，认为到工地去进行“体力劳动”，能让学生真刀实枪地参与建筑设计与施工管理。

在倡导教育与设计实践结合的同时，陈伯齐认为，光这两条腿走路还不够，还必须“三条腿一起出发”——主张建筑教育要与建筑科研及设计实践实现平衡互动。在20世纪50年代，他带头创建了亚热带建筑研究室，并在华南工学院校园附近的茶山顶上建立实验房，测定不同时间和材料的热工指标，全系教师都参与了24小时的观测。在对城市住宅的研究上，他还曾指导研究生通过染色水流流经建筑平面模型留下的痕迹，研究住宅的通风效果等。这种强调和坚持教学、科研、实践平衡发展和良性互动的教学理念，为学生打下了全面扎实的设计基础，也使华南工学院建筑系培养出来的学生素以动手能力强而闻名。

陈伯齐先生认为，要做好设计，首先必须具有丰富的知识。建筑系所开课程，都是与设计有机联系的，如果只是深入钻研某一门而偏废了其他课程，是非常不恰当的，因此在大学一、二、三、四年级中不应加以分类，让同学们更深入全面的掌握专业知识，以便打好坚实的建筑设计基础。这种注重全面，打好基础，反对急于求成的教育观念，对现今大学教育普遍急功近利的倾向，应该是一剂清醒剂。

另外，为了加强设计课程教学的丰富性、生动性，起到教学相长、潜移默化的教育效果，陈伯齐还提出，设计课程应大胆开展高低年级混班学习。这样，让高年级同学起到引领低年级学生的效果，既促使高年级学生加强自身能力培养，又为低年级学生树立学习上进的良好标杆，更有利于促进学生互相学习，加强交流，共同提高。

袁培煌先生在《怀念陈伯齐、夏昌世、谭天宋、龙庆忠四位恩师——纪念华南理工大学建筑系创建70周年》一文中，叙说了陈伯齐倡导的这种高低年级混班学习的教学方式，所产生的非常生动风趣的教学效果，以及给同学们带来的深刻影响：“陈先生还提倡不同年级的学生加强交流与观摩。我进校时班上同学30人，全系加起来不足百人，设计课都在一个大教室里，因此高班同学的课程设计成为我们观摩、学习的范本。有些场景令我至今记忆犹新：一名高班同学的中学教学楼设计，将各个教室组成数个围合形空间平面，很有特色；又有一名同学在解决朝向时，将平面做成锯齿状，这些对我后来的课程设计有极大启发和帮助；还有一名女同学看见高班的小住宅设计时提问，你们为什么不做平顶钢窗，高班同学回答“坡屋顶隔热、排水更好，木门窗更经济实用”。女同学理解了，但从此得了‘平顶钢窗’的雅号”。袁培煌先生认为，这种生动有趣的建筑设计课，高年级带动低年级，优秀生启发普通生，具有很好的“长江后浪推前浪”的你追我赶的效果，对提高教学质量大有裨益。

其实这种不同年级学生间缺少交流的弊端，也是现在许多高校共同存在的问题。提倡高低年级学生互相多在学习上进行交流，不仅能提升其知识水平，形成“长江后浪推前浪”的良好学习效果，也能潜移默化影响学生情商的进一步发展。陈伯齐先生上世纪五六十年代倡导的“高低年级混班学习”，对当今的高等教育，也还有一定的借鉴意义。

骑楼是广州和珠江三角洲近代建筑的重要组成部分，特别适应岭南的亚热带气候，曾是广州街景的主要格局，其商业实用性更为突出，往往底层是商铺，楼上是住家，充分利用马路空间，行人走在骑楼的廊下，完全不必担心日晒雨淋；商家的货物缩在骑楼内侧，也确保不会被雨水溅湿。

陈伯齐先生自小生活在台山，而后又在广州读书和教小学，天天往返于“晴不曝日，雨不湿鞋”的骑楼，自然对这种既适合南方气候特征，又能给市民生活带来方便的建筑类型有着很深的了解。陈伯齐认为，没有任何事情可以脱离人的文化行为，建筑也如此。而骑楼这种建筑设计，就很好反映了广州作为岭南大都会的一种商业实用性以及便民性。

从德国留学回来、已学有所成的陈伯齐，热情地为家乡父老设计了唯一一座三层楼高的建筑作品(即今汶村镇沙坦村115号)。这栋建筑应用了骑楼的艺术元素：从住房到厨房，几乎都有相连接的房廊，廊很高，就像广州人说的骑楼一样，不管刮风下雨，还是太阳暴晒，都不用担心，沿着柱廊，大致就可以相通了。

1958年，针对当时南方城市一些新建筑不再采用骑楼形式，他呼吁：“南方骑楼的形式，它能遮阳、防雨、减弱太阳热辐射量，给城市居民提供了许多方便，在太阳照射角高、热量大、雨水多的南方很有用处，已成为我们南方城市建筑的特征之一。”并提出未来骑楼在建筑设计上预见性的研究设想：“在今后园林化的城市，可以想象，建筑不是沿街连成一片，在这种新情况下，如何使骑楼适应新的要求，有待我们作进一步研究”等等。这些关于骑楼的理解和思路，在六十年后的今天，还是颇有见地。

忆抗战中的父亲

张鹏程 张鹏搏

我们的父亲是体育界老前辈，我国现代体育教育先行者，杭州大学体育系著名教授，他毕生从事体育教育事业，执教半个多世纪，桃李满天下，深受国内体育界尊崇。“文革”中他受到冲击，身体健康受到极大影响，1988年患胰腺癌得不到很好医治，永远离开了我们，至今已整整30年了。若父亲健在的话应该110岁，我们在纪念抗战爆发八十周年的同时也十分怀念父亲。

父亲1930年毕业于南京中央大学体育系，1932年由他的老师、中央航校体育总教官金兆均先生(解放后担任上海体育学院副院长)推荐进入杭州笕桥中央航空学校担任体育教官。他进入中央航校时，航校刚建校不久，隶属国民政府航空委员会，校长为蒋介石。

1930年，国民政府认识到空军的重要性，高度重视空军建设，蒋介石决定在原中央军校航空班基础上，择址杭州笕桥蚕校(现浙江理工大学)，扩建为中央航空学校。1931年春，校舍和机场等建成，设立机构，采购飞机，招生办学，并先后在洛阳、广州设立分校。至1937年抗战爆发前，共培训学员500余名。

“九一八”事变后，面对日寇侵犯和挑衅，中央航校目标清晰，培养对日作战飞行员。航校在挑选飞行员时非常严格，学员大多毕业或就读于名牌大学，不但文化素质高，总体素质都非常强，他们弃笔从戎，投身空军，立志报效国家。国民政府为防止日寇侵华战争升级，高度重视驱逐机飞行员培养。抗战中许多为国捐躯的优秀飞行员，在航校学习时都受过父亲严格的体能训练。

为了报效国家抗击日寇，父亲毅然弃笔从戎，父亲在航校担任体育教官，其职责是对

教官张强邻

飞行员入伍生进行体能体格训练，强化飞行员的战斗意志。对入伍生训练非常严格，每天清晨，他们在父亲带领下，从大营盘(现《浙江日报》社址)附近出发向武林门、松木场野外折返跑步。当时这一带十分荒僻，渺无人烟，野树杂草丛生，时有小野兽出没。除跑步、体操、游泳、篮球、足球、棒垒球、网球等外，父亲经常带领他们野外长跑、爬山，强化体能，适应空中格斗时的反应和能力。

入伍生从初级教练机开始飞行训练，直至驱逐机单飞，在一系列飞行训练合格后才允许毕业，正式编入航委会空军驱逐机大队，成为驱逐机飞行员，执行空中战斗任务，保卫国土不受侵犯。

父亲在笕桥中央航校时只有二十几岁，与入伍生基本同龄，关系非常好。父亲平时和他们吃住在一起，除平时的严格训练外，经常组织进行球类对抗比赛和游泳比赛，优胜者获表彰并做示范表演，很受入伍生欢迎，因此父亲在飞行员入伍生中有很高威信。父亲虽然是年轻教官，事事作出表率。在航校，父亲是体育教官，高志航是飞行教官(以后调任驱逐机四大队大队长)，非常熟悉。

入伍生们非常尊重父亲，其中有不少是体育运动尖子，体育成绩突出，父亲组织的足球队、网球队、棒球队及田径跑步、跳远成绩都很突出，父亲将其中特别突出的推荐参加空军运动会，至抗战后笕桥航空学校中的一些体育成绩记录还未被打破，可见一斑。后来这批入伍生成为驱逐机飞行员后，有时到我们家里来坐坐，父母热情地请他们在家里吃饭。在航校进行教练机训练的飞行员，后来大都血洒长空，为国捐躯。

1934年后父亲离开中央航校受聘美国人创办的之江大学任体育教授并担任体育部主任。1937年8月淞沪抗战爆发，11月下旬日寇逼近杭州，战火即将烧到杭州，之江大学奉政府令撤往安徽屯溪。此时日寇追击而来，学校已无能力继续办学，只能宣布暂时解散，大部分迁往上海公共租界内办学。父亲经再三考虑暂别学校携全家继续西迁。到武汉准备搭船到内地，接到航空委员会通知要父亲去成都航委会报到。1937年12月上旬，我们冒着日寇飞机轰炸乘船到达四川万县，转到梁山(今称梁平)，当时航委会驱逐机大队一部已迁往梁山机场拱卫陪都重庆。父亲及全家经南充、遂宁到达成都，在桂王桥北街23号租房，将我们全家安顿好后，即去沙河堡航委会报到，每天骑自行车上班，穿白色细帆布军装，戴硬边军帽。当时去沙河堡的路是黄泥路，父亲下雨天回家时自行车全是黄泥。不久奉派坐空军运输机到兰州，往兰州空军总站执行培养训练飞行员任务。一路上飞机十分颠簸，机上不少人受不了，呕吐不止，父亲也非常难受，但他体质好，坚持下来了。父亲离蓉后，当时还派了勤务兵来家帮忙。

到兰州后空军总站派车将父亲接往西固城。因兰州天冷，父亲在当地买了一件短皮大衣御寒。与父亲同赴兰州的还有一个从交通大学毕业，搞无线电电讯和电器控制工作的青年，四川人，抗战中回到大后方成都。这个年轻人是位热血青年，在内地寻找工作，后受航委会招聘，分派到空军总站无线电电讯大队，从事无线电通讯和电器线路维护工作。到兰州后生活十分艰苦，吃杂粮，他不习惯北方生活，情绪低落，十分苦闷。父亲对他极为照顾，专门去街上给他买四川出的辣豆瓣酱、熟腊肉，调整他的伙食，鼓励他、帮助他适应新的环境。那年轻人十分感谢父亲，父亲工作地方与电讯大队不远，所以他空闲时常来看望父亲。1938年10月，父亲突然听到那年轻人在机场出事故，殉国了，后来从通报中才知道，有架驱逐机螺旋桨启动不了，说是发动机电器故障引起的，年轻人急忙赶去处理，细心检查后没有发现什么问题，一切正常，但螺旋桨就是启动不了。年轻人下飞机去盘动螺旋桨，使其转动起来，正在此时螺旋桨突然快速转动起来，螺旋桨叶片一下将年轻人的脑袋削掉，血喷涌而出，年轻人即刻倒地，地面流满鲜血，在场的人都惊呆了。父亲参加了他的追悼会。每次与我们谈起这件事时，总是十分沉痛，怀念这位抗战中的同事。

1937年11月，航委会由南京迁往兰州(后转至成都)，为适应战时需要，在全国增设了几个空军总站。为防止敌寇间谍摄取情报，各站场使用番号，不冠称地名，兰州空军总站更是如此。此时苏联援华空军志愿大队已抵兰州，兰州空军总站已成苏联援华空军大本营，接受苏联援华空军的物资包括新型战机、设备及地勤、空勤人员，其中新型飞机伊-15及伊-16同时来到。父亲是由航委会派遣，在兰州空军总站和苏联空军教官共同培训中国驱逐机飞行员，并要求集体加入中国国民党。兰州不光成为苏联援华空军接收地，也成为中苏合作培训即将加入对日空战驱逐机新飞行员的基地。

父亲到兰州后成立体训组，担任体育教官，负责对飞行员体能和素质的强化训练，在短期内必须达到培训要求，具备驾机升空作战能力。当时很多优秀中国飞行员都到兰州接受培训并接收新型战机，如航委会空军驱逐机一、二、三、四大队都派飞行员来接收苏联

抗战胜利后，回到杭州之江大学，在头龙头山下钱塘江畔合影，左起张鹏搏、张鹏振、父亲张强邻、张白薇、笔者(1946)

新式战斗机。中国空军英雄四大队队长高志航也被派往兰州接受新型战机。当时苏日之间保持正常外交关系，因此苏联援华空军必须严格保密，对外一律称商务交流。苏联援华空军人员不能随意上街，更不能穿苏军军服，一些苏空军人员只能穿中国军装上街办事。这段时期内很少人知道苏联援华空军的活动，苏联空军空地勤人员大都住在机场及指定生活范围内。此间父亲拍摄了一些苏联援华空军人员体育活动和训练飞行员的珍贵照片，可惜“文革”中竟被认为是反革命罪证，照片被焚毁。

1939年7月，周恩来骑马时跌下来，右臂骨折。由于延安医疗条件差，中央决定送其去苏联治疗，于当年8月乘蒋介石的专机到兰州，然后转去苏联医治。周恩来抵达兰州机场时，父亲正在机场对飞行员入伍生进行训练，周恩来下机后，机场上派人迎接，周恩来邀请大家合影留念，父亲也被邀请参加合影。

无论在中央航校还是在兰州空军总站，父亲每晨五时起床，值星官吹响起床号后，飞行员入伍生列队整齐后父亲带他们跑3000米左右或野外跑步，然后做操，训练中决不允许拖拖拉拉。下午带入伍生到游泳池训练，每人必须游完1000~2000米或进行体育对抗训练，都有达标要求，父亲必须按规范要求入伍生达标，此外还安排打网球、踢足球、打篮球、打排球，由父亲排出锻炼时间，进行对抗比赛，亲自指导并示范。有时与苏联飞行员进行比赛，还安排一定时间进行拳击和杠铃与体操锻炼，父亲都亲自指导，这是对意志品质的锻炼，反应能力的培养，一年下来入伍生个个生龙活虎，体格健壮，反应灵敏。所以入伍生与父亲关系十分密切，非常尊重父亲。飞行员见到父亲时必须敬礼，父亲还礼。

1940年后，父亲培训任务繁重，长期劳累，昼夜不分，十分艰辛，积劳成疾，已不宜再担任体育教官，遂离开兰州空军总站。回到成都后他被国立成都体专及山东内迁成都华西坝的齐鲁大学聘为体育教授，依然兢兢业业为抗战培养人才，不少人以后成为医学名家。

1945年抗战胜利后，之江大学李培恩校长多次急电，催促父亲复员回校。1946年，我们全家复员，回到阔别八年的故乡杭州，父亲受聘于之江大学任体育教授并担任体育部主任。1947年父亲应邀率之大篮球队去杭州笕桥航校，参加友谊比赛。比赛前，当航校主持人向大家介绍父亲抗战前曾是中央航校体育老教官时，学员们全体起立，全场热烈鼓掌，立正向父亲致以军礼，要父亲训话。父亲鞠躬回礼，场面十分感人，我们始终记忆在心。

父亲原有一本相册，我们经常打开看，其中有许多中央航校时剃光头的入伍生赠送的照片，后面都有签名，也有击落日寇飞机的照片以及被我机击落的日寇飞行员尸体照片，还有缴获的“武运长久”旗帜、军刀等照片，中苏训练飞行员的照片和苏联飞行员运动照片，驱逐机大队击落日机的飞行员与父亲合影照片等。其中最珍贵的有父亲与在梁山(今梁平)击落两架日寇零式战机的空军英雄苏刚在黄河边的合影和空军总站一些同事的合影。与苏刚的合影是其生前最后几张照片之一，几个月后，他率队在重庆上空拦截日寇轰炸机，击落击伤敌机各一架后，被日机击中，流尽最后一滴鲜血。这些飞行员在抗战中全部壮烈牺牲，父亲一直珍藏这些照片，“文革”中均被抄家焚毁。

父亲在世时经常怀念这批年轻飞行员，他们在抗战中所建立的功勋永垂青史！抗战已成为历史，参加抗战的人大都已驾鹤西去。父亲在抗战八年中历经艰难，坚忍不拔，为培训飞行员呕心沥血。许多为国捐躯年轻飞行员的音容笑貌，永远留在父亲的记忆中，他经常给我们回忆这段难忘的历史。

一个彝族“国大代表”的传奇人生

高富华

1949年12月30日，西南军区司令员贺龙率18兵团进入刚解放不久的成都，为了全歼国民党军残部，决定进军凉山，第一仗就是西昌战役，急需一批熟悉凉山地理环境、风土人情且懂军事的人担任向导。为此，贺龙来到起义部队24军军长刘文辉家拜访。

刘文辉向贺龙介绍手下一个上校参谋李仕安，凉山雷波人，人称“李精灵”，是西康出名的“凉山通”，毕业于中央军校，当过“国大代表”，还是民革成员，此时正在成都市郊大邑县接受解放军整编。

2月底，驻军代表张健让他填了履历表，随后作为少数民族干部被选送重庆西南军政大学读书。3月3日，贺龙派参谋缪穆天、组织科长田日新先与李仕安取得联系，并告诉他次日上午，贺龙司令员在西南军区司令部接见。

当晚，他翻来覆去睡不着，干脆爬起来，趴在床边整整画了一夜进军路线图，几乎没合过眼……

李仕安生于1913年农历八月，彝名“伊里底取”，四川雷波城郊靖远乡人。李家原来彝姓“格而”，属凉山地区原始白彝(土著白彝)，凉山的彝、汉百姓都归土司管辖。“格而”家族到了清朝嘉庆时代，才改汉姓“李”，自称是古代名将李广之后。同时李家成为有粮在册的“粮户”(地主)，因而有条件参加科举考试。“格而”家族向来仰慕和崇拜汉族文化，所以李仕安的曾祖父、祖父、父亲都是读书人，并成为掌管土司文书的“师爷”。

李家为西昌地区四大白彝之首。他父亲李万钟因废科举未赶上考秀才，先当师爷，后办私塾，教书为生。李仕安4岁发蒙读书，先读私塾，13岁已读完《四书》《五经》，后读官办学堂，教书的多是外地人，偶尔会讲讲外面的世界，李仕安开始向往外面的世界。

1931年李仕安在成都

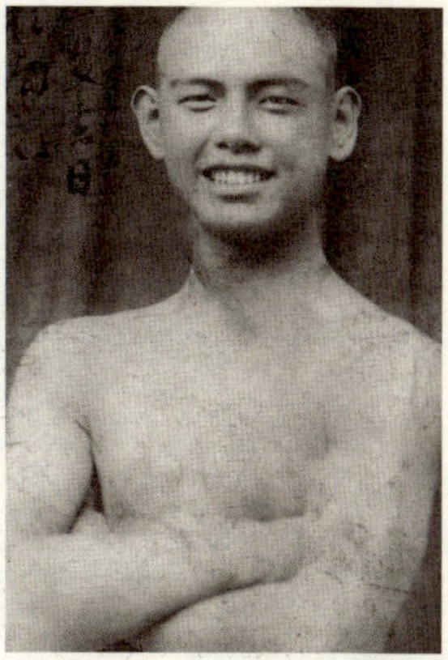

21岁生日时，李仕安裸身留影

1930年冬，郭淡如老师要回成都过年，带他到成都“开眼界”，此举改变了其人生。当时正逢参谋本部四川测量学校招生考试，李仕安看着招生启事不走了，郭淡如为他报了名。结果考试成绩名列榜首被录取。两年后，李仕安以优异成绩毕业，分配到四川陆地测量局任测量员。后来他又在川军暂编一师任上尉测绘员，后改任上尉参谋。1935年蒋介石入川，整编川军，李仕安成了没人管的“编余军官”。当年，他以“编余军官”身份参加中央军校成都分校招生考试，为中央军校第十期学员，毕业后在川军邓锡侯部127师381旅任上尉参谋。

从1936年到1942年，李仕安当过小学教员、军事教官，也曾在彝族地区组织彝民抗日军。西南联大教授曾昭抡(曾国藩之孙)考察彝族区时，十分欣赏其才华，在《大小凉山考察记》中，专门写了一章《一个精通汉情的彝胞李仕安》。

1942年，经同乡甘子文(川康边防总指挥部上校参谋)介绍，李仕安到了西康省宁属屯垦委员会工作，生活才基本稳定下来。

在西昌地区，长期存在着中央军和地方实力派刘文辉部的矛盾。1939年，蒋介石在西昌设立“委员长西昌行辕”，委派张笃伦任行辕主任。

刘文辉也在西昌设立“西康省宁属屯垦委员会”，自兼委员长，并派侄儿刘元暄(24军直属旅旅长)任屯委会边务处处长。为加强屯委会力量，刘文辉多方物色彝务干部。不久，李仕安到了雅安，在川康边防总指挥部里晋见刘文辉。刘文辉立即委任李仕安为川康边防总指挥部中校参谋，到西昌辅佐刘元暄办理“彝务”。

所谓“彝务”，指争取彝族上层及其力量，同时处理彝汉间和彝族内部纷争等事务。

刘元暄与中共川康地下党有密切接触。1940~1947年，他奉命驻防西昌，任24军直属旅

1939年，李仕安(坐在正中，穿汉人服装)回到老家雷波县，组建彝民抗日军

长，后升任136师师长，还创办了《新康报》。李仕安到西昌后，成为刘元晅的好帮手。

到西昌工作仅一个月，李仕安就担任了边民训练所教育长，随后又担任宁西特别指导区、忠良区区长等职务，重回彝区，"彝人汉官"如鱼得水，大显身手，接连化解、处理了不少棘手事件。

1944年4月中旬，美国飞虎队战机B-29在雷波县咪姑月儿坡坠毁，机上11名美国人下落不明。此事惊动了中美两国政府，穆伦少校受美国政府委派，专程到中国营救机组人员。国民政府急电西昌行辕：火速弄清情况。西昌行辕及宁属(1939年设西康省时，辖宁、雅、康三属，宁属管辖今凉山州，雅属即今日雅安市，康属包括今日四川甘孜、西藏昌都等地)屯垦委员会即命李仕安带了翻译陈文波连夜赶到西昌与穆伦少校会合，准备赶到雷波。西昌与雷波虽近在咫尺，交通不便，骑马和走路起码半个月，而且要穿越彝人区，当时汉彝关系紧张，肯定不过去。而机组人员生死未卜，时间不等人。他们决定先到昆明，再从昆明折转雷波。然而从西昌到昆明没有航线……最后决定冒险走"驼峰航线"先到印度丁江机场，再转

1942年，李仕安(后排左四)任川康边防总指挥部上校参谋，在西昌处理“彝务”工作

机昆明。到昆明后，坐上汽车马不停蹄赶到昭通。昭通到雷波不通公路，李仕安和穆伦先坐滑竿后骑马，日夜兼程到了云南永善金沙江边，既无滑竿也没有马匹，他们只得“甩火腿”(步行)。过了金沙江，越过百草坡，跋山涉水直奔咪姑，终于赶到了飞机出事地点月儿坡。还没上山，就闻到一股浓烈的焦煳味。眼前是飞机坠毁后形成的大坑，一两百米范围内已没了树木，靠近大坑的参天大树树根翻转过来，烧成了一堆焦炭，稍远点的只剩下了树桩，光秃秃的山上，除了飞机坠毁的大坑，什么也没有……

就在他们悲叹不已时，当地土司安登文气喘吁吁跑上山，告知机组成员都被救了。安登文到过重庆，受过蒋介石接见，知道美国“飞虎队”援华。出事那天，眼看一架歪歪

1944年，李仕安飞越驼峰航线，在印度汀江机场李仕安(二排右三)与美军飞行员合影

斜斜的飞机撞在山上，天空中顿时出现一群巨大“蘑菇”伞，天崩地裂一声巨响后，11个鹰钩鼻洋人降落在村里。美国飞行员衣服背面事先缝上了布条，上面不仅盖着国民政府大印，还有“来华助战洋人，军民一律保护”字样。当一群高鼻子蓝眼睛洋人在小山村从天而降时，把彝民吓坏了。“叽哩呱啦”一阵交谈后，尽管双方都没听懂，但彝民还是把他们送到安登文家。

安登文在重庆曾远远见过美国人，高鼻子蓝眼睛，说话“叽哩呱啦”。这伙人正是这番模样，再拉过他们的衣服一看，背后果然有布条，于是他把飞行员奉为上宾。虽然语言不通，但香喷喷的牛羊肉端出来，他们立即狼吞虎咽起来。几天后，安登文派人把他们送出雷波县，取道宜宾、屏山回成都。

回到西昌当晚，李仕安写下一诗《万里环行记》，半个多世纪过去了，他依然还记得：“正午别西昌，午正到丁江。白云生足下，蛇行一线穿。吸氧过驼峰，天雪两茫茫……”

为凉山临时军政委员会副主席张冲草拟凉山州政府成立大会讲稿(昭觉)

随军进西昌

1944年初，西昌行辕主任张笃伦企图取代刘文辉当西康省主席，他假借匪患严重，危害地区安宁，请求中央批准成立了宁属剿匪总指挥部，还要来了大批武器装备，以此要挟刘文辉。他拉拢24军靖边司令邓秀廷，任命他为宁属剿匪总指挥部总指挥。邓秀廷刚上任不到一月就病死了，他只得以刘元暄为总指挥，孙子文为副总指挥。

不久，他借口检阅部队，调集靖边彝民团近万人，集中西昌。随后，进剿部队组成六个支队，宁西特区新任区长王济明(彝族)被任命为第六支队队长，李仕安为副支队长。当时，李仕安虽反对用武力解决彝区问题，但张笃伦直属中央，李仕安无法进言。好在刘元暄早有提防，虚张声势，应付了事。

24军靖边司令邓秀廷死后，曾被其驱逐的黑彝家支联合起来，扬言要“要收复失地”，一时彝区草木皆兵，汉人纷纷逃离。1944年11月，刘文辉出巡宁属，处理此事。一到西昌，即召集宁属政务检讨会，让李仕安参与处理邓秀廷之死的善后问题。他建议以退为进，彝汉和平共处，保持社会安定。刘文辉接受了这一意见，任命邓秀廷子邓德亮为24军靖边司令部司令，其余亲属也提升一级；对要“打回来”黑彝家支，也采取怀柔政策安抚。

1951年，西昌召开各族各界代表大会。李仕安(后排右一)和部分代表在一起

在西安留影

1945年秋，蒋介石抵达西昌，在行辕接见驻西昌军政要员。李仕安以中央军校学生身份参加了接见。宋美龄提议和彝姑娘联欢，李仕安奉命带领边民小学8个彝家姑娘表演歌舞欢迎蒋介石和宋美龄。由于唱的是彝语歌，他们听不懂，张笃伦就让李仕安翻译。演出结束后，宋美龄非常高兴，邀请李仕安带着小姑娘与她合影留念。

张笃伦离开西昌，成都行辕主任贺国光调任西昌警备司令，对其剿彝方案萧规曹随。上任第一件事，就是筹划进剿普雄方案。1946年冬，贺国光决定仍以刘元暄为剿匪总指挥。

李仕安时任战地工作团副团长，但未到职，只是给刘元暄当翻译。他主张双方息兵议和，彝方答应并派代表到越西县中所坝晋见刘元暄议和。贺国光听说后，生怕刘元暄抢了功劳，急派西昌警备司令部参谋长姚朴、屯委会委员曹良璧坐飞机到越西。

姚朴、曹良璧一到越西，就下达了贺国光的命令把对方谈判代表全部扣下。刘元暄无法抗拒，只好安排头人们与姚朴见面，姚朴当即宣布把他们扣下，随即飞返西昌。

姚朴刚走，贺国光又命令立即将头人押到西昌。李仕安当即前去安慰彝民头人并保证：大家都是彝人，你们活我也活，你们死我也死。头人的激动情绪暂时平静了下来。

最后李仕安想了个折中办法，彝人最重视儿子，让他们把儿子送到西昌读书，换这些头人回去，既让其后代接受了教育，还牵制了他们不敢随意行动。

1947年春，彝民头人送来10个小孩，彝民团代表也按约定全部放回。李仕安把10个

上世纪五十年代李仕安、王俞之夫妇和三个儿子李一波(后排)、李一昌(前左)、李一都合影

小孩送到西昌边民小学读书，享受公费优待，而且在其衣服上绣上“边民”两字，花花绿绿，很是好看，以示尊重。

1947年春，刘元瑄奉调雅安任24军代军长，李仕安也到了雅安。刘文辉非常赏识他在彝区的出色工作，准备委以重任当昭觉县长。李仕安当面辞谢并要求读书。

李仕安在西昌工作期间，职务虽然相当于县长，但核定俸禄时认为“该员无大学学历，准予委任一级荐任”，换句话说，就是干县长的事，拿科长的钱。他一肚皮气。

虽然刘文辉同意了李仕安的要求，但刘元瑄不愿放人，他准备将原设在西昌的《新康报》停刊，迁到成都新办一家报纸。《新康报》全班人马已从西昌到了成都。直到改版后的《西方日报》正式出版了，李仕安才到华西大学报到读书。但刘元瑄任命他为报社主笔兼任《康藏通讯社》总编辑，允许他白天到校上课，晚上回报馆审发稿件。

上世纪八十年代李仕安、王甸之夫妇与儿孙合影

1947年年底，李仕安终于如愿以偿进入华西大学文学院乡村建设系读书，成为其历史上第一个彝族大学生。此时，他已34岁，一个实实在在的“大学生”，大家尊称他“大师兄”。读书期间，他十分专心，奉行“三不主义”(不缺课、不坐茶馆、不打麻将)。

“大师兄”李仕安先当班会主席，次年又被推举为系会主席。在校期间，李仕安还游说刘文辉，独资捐款在华大校园内修建一座“文辉楼”。

1947年，国民政府准备召开第一届国民代表大会。当时，全国共分配了17名“边疆少数民族代表”，彝民联名推荐李仕安为“国大代表”候选人。11月公布当选“国大代表”名单时，李仕安名列其中，全国唯一在校大学生“国大代表”花落华大，同学们奔走相告，在校园内拉起了一幅几丈长的大红横标“热烈庆祝凉山好汉李仕安同学当选国大代表”。1948年3月29日至5月20日，李仕安到南京出席了第一届“国大”。

在“国大”期间，李仕安经常一身彝族服装，非常吸引眼球。选举“总统”那天，宋美龄在会场门口与“国大代表”一一握手，为蒋介石拉票。轮到李仕安时，宋美龄对他说，记得他在西昌为其当过彝语翻译。摄影记者纷纷抢拍这一镜头，第二天，会场门口直立着这张两米多高的照片，宋美龄微笑着与李仕安并排而立，李仕安一身彝装，十分精神。

由于李仕安是川康地方系统中最年轻、活动力较强的人物，成了很多人重点拉拢对象。但他心中有数，积极支持李宗仁竞选副总统，不仅投了票，还不遗余力为其奔走。投票三次，没有候选人过半数，后来李仕安挺身而出，为李宗仁拉了好几十票，第四次投票时，李宗仁才过半数当选。

在宁期间他秘密接触了民革，接受了进步思想。开会期间，他跑到上海，加入了民革外围组织“兴中学会”。回成都后，马上与马秋帆教授(地下民革川康分会执委)取得了联系，并于1949年2月正式参加民革。从此，他一边在华大读书，一边积极从事地下工作，迎接解放。

1949年暑假，李仕安回到雅安，刘文辉再次让他上任昭觉县长，准备应变。事后李仕安才知道，刘此时正与地下党联系，准备起义，不少地方官员也换成了亲信，以便迎接解放军进入西康。他拿着委任状去见刘元暄。刘命他马上回成都造银元，给地下党提供经费。

回成都后，李仕安即在北纱帽街刘元暄公馆里秘密制造银元。开办费是刘元暄提供的1万元大洋。李仕安也拿出了自己历年积蓄，同学王森杰支援了40两白银。为防止宪兵检查，刘元暄还增派了一班手枪兵归李仕安指挥，保护地下银元厂。

银元厂由李仕安负责经费筹措，牟锦熙负责技术施工，唐会昌担任通讯联系，把钱交给地下党组织。很快就制造出了两万多块银元，作为支援地下党的活动经费。

在马秋帆教授布置下，李仕安、王森杰还积极参加华大护校工作，他们动员学生日夜吃住在学校，不下乡、不外出，不准搬走博物馆、图书馆、仪器室的东西，保护好每一幢楼房，防止散兵游勇破坏校园，最终使华大完好无损保留了下来。

1949年12月初，行政院院长阎锡山溃败四川。一到四川，他马上给在蓉“川康渝国大代表联谊会”中的“国大代表”每人发二两黄金，动员他们到台湾，并许诺赴台者可优先登机。李仕安虽然领了黄金，但随后躲藏了起来。

12月9日，刘文辉、邓锡侯、潘文华在四川彭县通电起义。隆隆炮声中，胡宗南率部进攻宣布起义的24军。李仕安住地常有特务骚扰。

李仕安用华大学生证，因“头痛”住进仁存医院。刚住进医院，有人来报，胡宗南部队抄了刘元瑄公馆，李仕安家也被抄，妻子和守银元厂一个班也被押走了……

1950年1月21日，刘元瑄发来电报："速来雅安。"23日，李仕安赶到雅安，随后，他以上校参谋身份，随24军开赴大邑，接受整训。

贺龙吩咐缪穆天给李仕安开好介绍信，到62军报到。介绍信是以贺龙等人的名义，写给解放军62军刘忠军长和鲁瑞林政委：

刘军长、黄副军长

鲁政委、熊参谋长：

兹介绍起义部队24军参谋李仕安同志到你处工作，请接洽(该员详情已告你部四科长田日新同志。在生活上给中灶待遇)。

专此致

敬礼

贺 龙　周士第　张经武3.4

李仕安走出贺龙办公室，出门就遇到西南军区作战科科长，他听说李仕安学过测绘和军事，又了解彝区地理环境，即请李仕安参加绘制"进军西昌路线图"。

李仕安忙说："我已绘制好了一张地图，正好让你们先看看行不行。"于是他马上跑回住所，把绘制的《西康省宁属地区概图》(清朝在西昌设宁远府，宁属，即今凉山州)和《进军路线图》取来，交给了作战科科长。原来李仕安加入地下民革后，就准备迎接解放。从南京回来后，他整整用了几个月时间，绘制了凉山地区详图。

3月5日，李仕安拿上介绍信，径直来到成都西门外62军军部报到。鲁瑞林同他交谈一阵后，即在信封背面写下"温江独三军三大队交林彬师长"字样，又退给了他。

李仕安乘上军车赶到温江，师政委梁文英接待了他，看了信后，又把介绍信还给了他。

梁文英同他谈了许久，详细询问了彝区基本情况，并让他一定要把彝族禁忌全部写出来，交部队组织学习，以免影响民族团结。

3月8日，李仕安随解放大军从温江出发，经峨眉、乐山、峨边、越西一线，最后到达西昌。李仕安被分配在该师中路，他的任务较特殊，一路上了解情况；找向导；说服掌握武力的彝族头人给解放军让路(解放前凉山民间有枪10万支)；找土司、头人为部队筹军粮；动员逃上山的彝族同胞返回村寨等。

解放西昌战役，由二野15军44师和一野62军184师南北两面夹击，3月27日，西昌解放，蒋军大部被歼，少数逃窜。五星红旗第一次在凉山彝族地区迎风飘扬。

西昌解放后，成立军管会，迅速派出部队和南下干部到周边各县，消灭蒋军残部和叛匪，接管旧政权。1950年7月，盐边土司葛绍武裹胁1000多人(主要为彝胞)发动叛乱。军管会决定以184师参谋长徐旺组成剿匪指挥所，率部前往平叛。民族事务处处长侯志恒兼宣传组长，李仕安任副组长。他经过努力劝服对方投诚。

1951年1月，西昌召集各族各界代表会议，成立政府，组成西昌专员公署及西昌专区人民政府协商会议，李仕安任政协委员兼政协副秘书长，兼任解放军184师民族干部训练班主任。此后，李仕安参加过中央民族语文工作组彝语改革方案的起草工作，营救过被捉去当娃子的公路勘测人员。后在西康省民委、四川省民委、四川民族出版社工作。

由于心直口快提意见，1958年8月，李仕安被戴上“右派”帽子，留在机关监督改造，种过地、喂过猪、养过鸭子、拉过架子车、守过机关大门……1961年，四川民族出版社解散，把他下放雅安县政协。好在李仕安性格乐观，“虚心”改造。他用“西江月”词牌思想检查：“反动思想作怪，个人主义成灾，忘恩负义天杀才，资产阶级右派。座上阶前易位，惭愧啊也羞哉，一挑沙锅滚下岩，家兄地富反坏。”

后来有关部门恢复了他民革地下组织的关系，并安排为雅安市(今雨城区)政协委员、常委、文史委主任，又担任黄埔军校同学会雅安联络组组长，民革雅安市委顾问等。

前些年，李仕安邀约在雅安市区的汉、彝老友共13人，年龄相加超过1000岁，“千叟翁”将聚会称为“千岁宴”，每月一个寿星轮流做东，饮酒作诗。其乐融融的“千岁宴”影响日益广泛，要求加入的人越来越多，“千岁宴”改称“长寿宴”。

2017年8月26日上午，李仕安安详地闭上双眼，告别与他相伴了一个多世纪的世界，为他传奇的一生划上句号，享年104岁。

1920，上海，初见罗素

黄家林 赵新那

1920年9月，梁启超联合蔡元培、林长民、张元济等社会精英成立了讲学社，其宗旨是聘请国外著名学者来华讲学，其计划是以每年董事会基金中2000元招请西方学者一人来华讲演。1920年秋英国哲学家、数学家罗素(Bertrand Russell)应梁启超、张东荪等人邀请来华巡回演讲，由讲学社负责接待并安排演讲。当时蒋百里咨询了蔡元培、丁文江、秦景阳和陶履恭等人的意见后，与清华校长金邦正交涉，确定以讲学社名义“借”赵一年，且必须与罗素随行。因此接下这一任务后，赵元任在清华的课不能亲自登台讲了，便推荐朋友王赓接替。

9月26日，赵元任应Lecture Society(讲学社)邀请前来欧美同学会事务所(十莲子庙)，商量给罗素做翻译的事情。北京留法俭学会等单位也在此处。

欧美同学会大门(赵元任摄)

歐美同學會事務所
北京留法儉學會

赵元任(穿淡色西装)和与会者合影(赵元任摄)

赵元任在日记里写道：

出席讲习社的会议，会见蒋百里等人，讨论接待罗素问题，我被提为唯一给罗素做翻译者(“attend meeting of Lecture Society to discuss reception of Bertrand Russell. Met 蒋百里、蔡元培、丁在君、陶孟和、张崧年、秦景惕etc. I was asked to be solely responsible for interpreting Russell”.)

10月8日，赵元任在日记中写道：“Trip to Shanghai via Hankao”，从京汉铁路北京车站出发南下经过汉口去上海接罗素。

与罗素初次见面

10月12日上午，罗素和女友布莱克乘坐

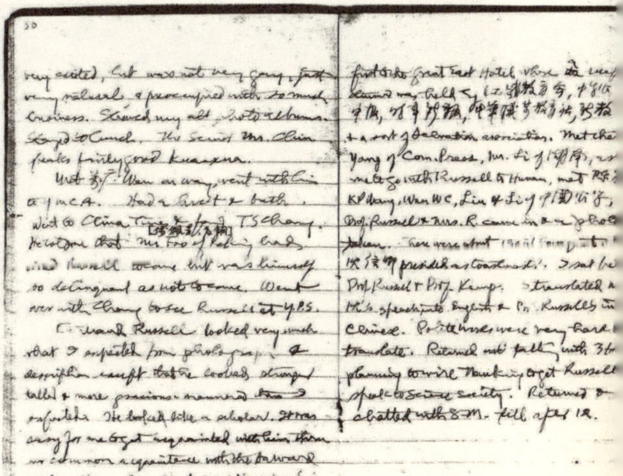

赵元任的日记影印件(摘录)(1920.9.26)

京汉铁路北京车站站台

“Porthos(波尔托斯)”号轮船抵达上海。罗素在上海港上岸时，发现没有人来接他们，一时不知所措。原来是该船比预定时间提前几个小时到达，迎接罗素的人还没来。不过很快罗素一行被安排到上海一品香旅馆住下。

赵元任是在10月13日乘船到上海的，进入黄浦江后，他注意到罗素乘坐的“Porthos(波尔托斯)”号轮船已停在江中，于是他知道罗素已经到上海了。

当天赵元任住进青年会(YMCA)，张东荪先生陪同赵元任去拜访罗素。这是赵元任第一次见到罗素，他在日记中记载了对罗素的印象：看过去罗素正跟我从照片所看到的及听人描述的那个样，只不过显得更强壮更高且比我想象的显得更亲切，他像位学者。通过交谈我们在哈佛大学共同熟悉的事情和朋友，我很快就跟罗素熟悉了。(“Bertrand Russell looked very much what I expected from photograph & description except that he looked stronger

停在黄浦江中的“Porthos(波尔托斯)”号轮船(赵元任摄)

taller & more gracious mannered than I expected. He looked like a scholar. It was easy for me to get acquainted with him thru our common acquaintance with the Harvard people.”)

13日晚上，江苏省教育会、中国公学、中华职业教育社、申报馆、基督教救国会等七个团体在南京路大东旅社举行宴会，欢迎罗素访问中国。各界名流100余人出席，其中有中国共产党早期发起人陈独秀和张申府。教育家沈恩孚主持并致欢迎词。罗素在席间发表了即兴演讲。赵元任在日记中记录了这次宴会：张先生和我先去“大东方酒店”出席晚宴，宴会由江苏教育总会、中国公学、《申报》、《时事新报》、中华职业教育社、新教育共进社及一基督教救国会组织共同举办。这里见到商务印书馆的C.杨先生、湖南的李先生，请我与罗素先生去湖南，会见中国公学的陈独秀、K.P.王、闻W.C.、刘及李等。罗素与罗素太太入场，一起拍照。宴会约有150人出席。沈信卿主持并祝酒。我坐在罗素教授与坎普教授

吴淞一景(赵元任摄)

之间。我将沈先生讲话翻为英文，将罗素教授讲话翻为中文。客套话好难翻。回来后与三胡(指胡敦复、胡明复与胡适三人)商谈打算给南京发电报，请罗素到“科学会”演讲。又与S.M.聊天至十二点后。(Mr. Chang & I went first to the Great East Hotel where reception dinner was held by 江苏省教育会，中华公学，《申报》，《时事新报》，中华职业教育社，新教育共进社, & a sort of Salvation Association. Met there C. Yang of Com. Press, Mr. Li of 湖南, asking me to go with Russell to Hunan, Met 陈独秀，K.P. Wang, Wen W.C., Liu & Li of 中国公学, etc. Prof. & Mrs. Russell came in & a photo was taken.There were about 150 at banquet. Mr.沈信卿 presided as toast master. I sat between Prof. Russell & Prof. Kamp. I translated Mr. 沈’s speech into English & Prof. Russell’s into Chinese. Polite words were very hard to translate. Returned talking with 3 Hu’s planning to wire Nanking to get Russell to speak to Science Society. Returned & chatted with S.M. till after 12.)

罗素在沪期间发表了两场正式演讲，一场是10月14日下午罗素和勃拉克女士两人到吴淞中国公学(Shanghai College of Wusong)作报告，罗素在中国公学演讲的题目是“社会改造原理”；另一场是10月16日下午罗素在江苏省教育会场演讲“教育之效用”。

有不少文章说罗素是10月15日在中国公学发表演讲，但据赵元任的日记和照片看，确切的演讲日期应该是10月14日下午。

10月16日上午，罗素参观了申报馆。下午，罗素应邀在方斜路江苏省教育会作“教育之效用”演讲。

赵元任在日记中写道： C.Chu与C.P.Chow来，带我们去省教育会，下午四点半做关于教育作用的演讲。听众太多，厅堂挤满四五百人，还谢绝掉两三百(人)。Kuo 博士作介绍。我比昨天翻译好一些。与M.T.乘火车返回，不期遇上Y.T.陈。逛店买双簧管、笛子、内衣、领带等。回“基督教青年会”。再去陪罗素与布莱克参

赵元任站在黄浦江边观望船只(赵元任摄)

加社交活动，连晚饭也未及吃。乘车路上先介绍将要会见的人，Chu先生及太太、三位胡先生、SK吴……博士、SA Chiu 和我。这些人全到场，交谈热烈有趣。我带“Chiu小姐”与罗素教授谈话，从剑桥说起。对“自我代表系统”的问题倒不如对中国人、政治、铁路等的问题多。茶水、点心丰盛。(没吃晚饭的饿汉亦足矣！)欣赏音乐：“九连环”“茉莉花”“美丽哈佛”。乘车回府。送客至YPS后独自乘车回青年会。就此次社交活动做笔记，以期更好。(C. Chu, C.P. Chow etc came & brought us over to 省教育会 for the PM 4:30 lecture on the uses of education. The crowd overflowed & 4 or 500 was packed & 2 or 300 were turned away. Dr. Kuo introduced. I interpreted a little better than yesterday. Returned with M.T. on train, running into Y.T. Chen. Went to shopping

与罗素等人在旅馆前合影留念,罗素(左4)、勃拉克女士(左5)、赵元任(右1)(10月14日)(赵元任摄)

公學

buying flute, pipes, underwears, ties, etc. back to YMCA. Then back to get Russell & Black to the social, not even time for supper. Went on carriage, I gave a preliminary introduction of the people to meet, Mr. & Mrs. Chu, 3 Hu' s, SK Woo, Dr. ---, SA Chiu & myself. These people expected were 100% present. Conversation was flowing & general. Mrs. Chu talked interestingly. I brought "Miss Chiu" to talk with Prof. Russell. Starting from Cambridge. There weren' t so many question of self representative system as of Chinese people,, politic, ---, railways etc. Tea & cakes etc were plaintiful (even for a supperless man!) Had some music, 九连环, Moli Flower,fair Harvard. Came back in carriage. After Y.P.S. I rode back alone to YMCA. Wrote a note asking for better on impressions of the social.)

10月14日，罗素和勃拉克女士在中国公学门前留影，右二张申府(赵元任摄)

听众正走进大楼，准备听罗素的讲演(赵元任摄)

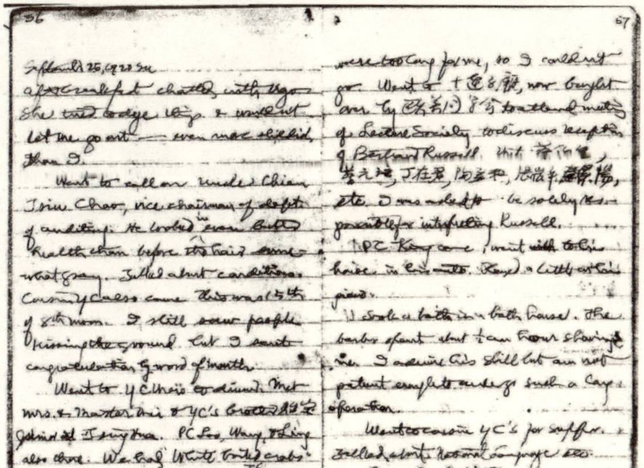

赵元任的日记影印件(摘录)(1920.9.26)

在为罗素当翻译的过程中，由于赵元任有多学科的功底，他觉得翻译专业的内容并不难，特别是能见到演讲提纲时就更轻松些。他感到最难翻译的是客套话。年轻的赵元任与罗素成了很熟悉的朋友，建立了终身友谊，他们之间说话很随便，开玩笑也司空见惯了。

老西开，1966

王端阳

1966年夏天，中国发生了史无前例的文化大革命。在这场后来被称之为“浩劫”的大革命中，红卫兵充当了急先锋。

8月18日，毛泽东在天安门第一次接见红卫兵，从而使红卫兵运动以燎原之势席卷全国。当时我正在天津一中读高三，也参加了红卫兵，还是一个组织的头目，随着这股潮流走上社会，进行了所谓的“破四旧”。

8月23日，我刚来到学校，一个红卫兵战友就告诉我，二十一中的红卫兵在教堂门前贴出一张大字报，要和主教辩论有没有上帝。我一听，立即和他来到教堂。

这座教堂位于墙子河边(现河已填平，下面改建地铁)，本名西开教堂，建于1916年，和天津最大的商场劝业场遥遥相望。据说这座教堂是全国最大的天主教堂，因是一个法国传教士修的，天津的老百姓都习惯地称之为法国大教堂。二十一中就位于教堂的对面，所以教堂的“破四旧”被他们捷足先登了。

我们赶到教堂时，教堂已被红卫兵“抄”过，抄出的东西堆在台阶前的空地上，像小山似的。教堂的两边刷上了几条醒目的大标语：炮轰黑教堂，棒打旧思想。横批：摧枯拉朽。教堂正门的上方挂了两幅毛泽东画像。我当时一下子被这情景感染了，立即

拿出随身携带的相机，拍下了红卫兵正在传送衣物、准备焚烧的场面。

随后，我进入教堂。这座教堂我上学时几乎天天经过，可还从来没有进去过。刚一进去，里面的光线很暗，还真有点恐怖和神秘感。我顺着狭窄的楼梯一直爬到顶层，从一个小门，到了楼顶。这里也已经被红卫兵“占领”，他们挥动着一面面红旗，其中一面红旗上，印着三个金灿灿的“毛体字”——红卫兵。那情景就像在电影中看到的苏联红军攻克

柏林一样。我拍了一张。可我感觉空间太小，拍不到整个场面，也没有气势。这时我发现教堂对面有一座楼房，而且房顶是平的。我于是决定到那个楼顶上进行拍摄(这座楼房现已拆除，原址上建起了一座商城)。

我下了教堂，来到那个楼前。我已记不清那是个什么单位，他们一见我们是红卫兵，话都没敢问，便放我们进去。我一直上到楼顶，拍了一张全景，又觉得自己也应该留个影。我使用的雅士卡-D型相机虽带自拍，可没有三脚架，正好屋顶上有几把破旧的桌椅，便叠加起来，自拍了一张前景带有我的背影的镜头，即后来最为朋友称道的那幅。

这时教堂前已开始焚烧圣物，烟雾腾腾，并吸引了一些行人，但他们不敢上前，只在远处围观，我从这个角度拍下了这个场面。没过多长时间，那些圣衣圣物就焚烧完毕，只剩下一些灰烬和未烧完的残

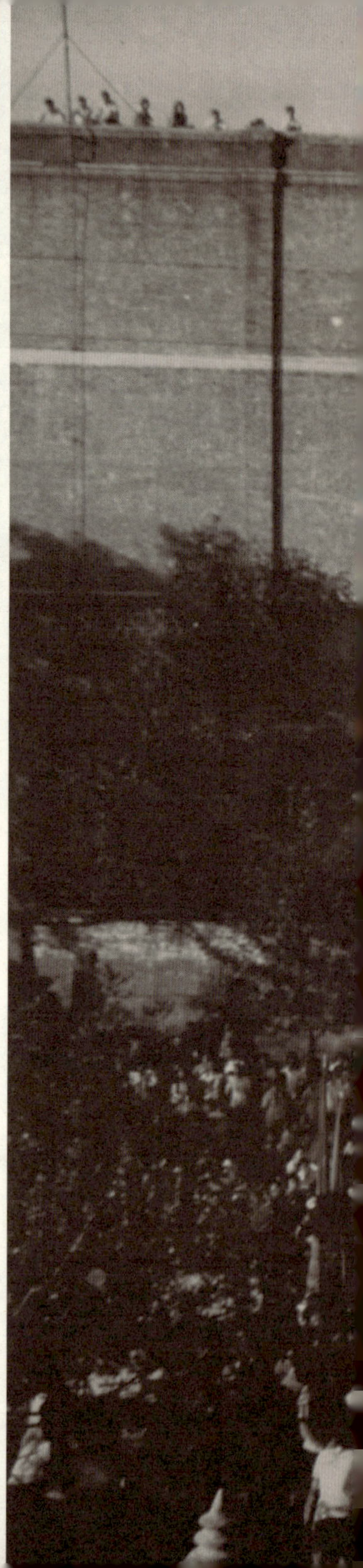

物，其中有一尊圣像还没烧毁。一个红卫兵找来一把斧子，挥斧就劈。我又抢下了这个镜头。

批斗会设在教堂前的街道上，临时用乒乓球桌搭了个台子，让主教身披圣服弯腰站在上面。右前方摆了几张桌子，上面站着两位陪斗的副主教。主会场是前来声援的各校的红卫兵，四周站满了围观的群众，就连树上、电线杆上、墙头上、房顶上都爬满了人。我从正面拍了一张中景，然后再次进入教堂，从教堂的窗户里俯拍了两张批斗会的全景。这时我的胶卷已经用完，只好作罢。

我在日记里记载：

1966年8月23日

上午，听了《人民日报》社论，大快人心，党中央和毛主席在支持我们，工农兵在支持我们，更加坚定造市委反的决

心。工农兵一般不了解学校情况，他们不再参加学校辩论了。有的人还被市委利用，压制我们造市委反的人。这次《人民日报》特别明确指出，任何一个党组织都不能代表党中央，党中央就是党中央。还广播了北京向四旧进军开火，造反的报道。社论完全支持红卫兵革命行动。

今天，法国教堂被彻底砸毁了，主教也被揪出来，跪在台前，低头认罪，他们也承认，没有什么天堂、上帝，就是为了迷惑人。我们一直爬上教堂顶。

其他一些不适用的名称也完全砸掉，资本家也给抄了……天津市改为卫东市……

我父亲王林在日记中记载：

1966年8月24日

早点后给家里通电话，克平接的，说昨天把所有的教堂都砸了。克平带人去砸的郑州道教堂，他亲手把耶稣像拉倒的。一中砸的法国教堂。端阳说只是把迷信雕塑和迷信摆设砸了，其他没砸。又说把神父弄出来斗，问他哪里来的“上帝”？他回答说：那是骗人的！

天津革命学生砸教堂，比北京红卫兵还“五敢”，但是这个问题对国际震动要大。

1966年8月25日

端阳在砸法国教堂时照不少照片，这件事倒有文物价值。

在那些日子里，我总是把相机带在身边，想把红卫兵的“伟大历史功绩”记录下来。

我使用的是一台雅什卡-D型双镜头反光相机，这在当时算是比较新的。这种相机使用的是120胶卷，只能拍12张。在此之前我已用去 张，所以 共拍了11张。由于当时还是个学生，2块多的上海正品胶卷一般都舍不得买，总是买些1块多的副品胶卷，而且是自己用漱口杯进行冲洗，底片的质量先天不足。加上50年来一直随便存放，底片难免受到损伤。所幸历经“浩劫”(我家也被抄过)居然被保存下来，总算是留下了一个历史的镜头。

胎死腹中的华东基督教联合大学

达劳少

抗战爆发后沪宁杭一带不少学校为了躲避战乱和防止日寇的骚扰，迁入上海公共租界内。1938年春迁入租界内的大学有七所：之江大学文理学院、圣约翰、沪江、东吴、金陵大学，此外还有金陵女子文理学院和上海基督教女子医学院。在最困难的时刻，之江文理学院和圣约翰、沪江、东吴几所在上海的基督教大学组成了联合大学。联合大学虽然是一个松散的联合体，毕竟在上海站住了脚，坚持办学，同时也给失学青年一个读书机会，并坚持为抗战胜利后国家振兴培养有用的建设人才。虽然当时办学条件十分艰难，几所大学仍能协调一致，在李培恩、明思德、廖慰慈等及解放后任教育部副部长的林汉达负责下团结一致，渡过难关，培养出一批支援抗战的人才。抗战胜利后各基督教大学都同样面临着在满目疮痍的基础上复校复课的重任。由于缺乏资金、师资、教学工具、仪器设备、校舍的修缮和扩建等诸多问题，筹措资金实非易事，举步维艰。虽然面临极大困难，各校都在为复兴教育事业努力找出路。

1946年7月，联董会(美国基督教南北长老会提供援助强化学校董事会，中国教会大学校董联合会更名为中国教会大学联合董事会，简称联合董事会)根据对抗战胜利后形势的评估，提出了教会大学发展意见，应集中财力、物力、人力办学。特别是抗战后各校都存在资金的缺乏，政府无暇顾及学校复兴之事，各校多次多方面向政府呼吁和请求，希望政府能够拨款振兴教育事业。众所周知，要复兴教育必须要有大量资金的投入，而政府认为恢复生产、恢复民生是最主要的事，实在拿不出更多的资金来复兴教育。必须提到，此时大规模的内战即将爆发。根据当时实际情况，在缺乏资金的状况下，联董会认为联合办学是最行之有

抗战中任上海基督教联合大学主要负责人之一之大教育系主任林汉达，1957年打成右派(摄于1941~1943)

效的办法，提出由之大、沪江、东吴、圣约翰组成基督教“华东大学”。于是这几个学校负责人进行协商，商讨成立联合大学的可行性和可操作性。

要联合办学，组成联合大学谈何容易，困难极大。首先，人员、财经、专业、校址、教职员的安置、系科等合并后再分配，办学要优化。这和抗战中的松散联合体不同，当时各校基本保持了各校办学的自主性、独立性，可以互相选课，而现在要完全统一起来再分配，困难重重。加之各校都希望保持和拓展自己学校的优势和特长，在抗战胜利后能够得到发展扩大，各有所求。1946年8月联董会主席亨利·杜森博士和秘书明思德到中国(明思德曾任之大文理学院院长，抗战中代理在上海的之大校长，太平洋战争爆发后美国对日宣战，日寇逮捕在公共租界区之大办学的明思德，并遣返美国，明思德后任肯塔基中央学院院长，被选为联董会秘书，执行常务事务)参加之大在上海召开的会议。在此必须提到，之大抗战中由于李培恩校长发挥了卓越的领导才能，使之大在上海和重庆两地学校在极为困难条件下都得以发展，因此李培恩校长在基督教大学中具有较高威望和一定的号召力，因此以他为核心在联合大学掌舵，各校并无异议，大家推举他也是众望所归。选择在上海召开会议，是因为这几所大学都在上海或周边，联系较为方便。会议目的就是商量联合办校问题，参加会议的人都非常明确，首先切入议题的是商讨拟议中的联合大学的可行性。会议决定先成立一个委员会，由参加合作的各校各派一名能够说话算数的代表组成。李培恩为之大首席代表，梁小初博士为之大董事会主席。

1946年9月暑期后明思德返回美国，同时将一些意见带回美国。临行前与李培恩交换意见，两人长期在一起共事过，明思德要求李培恩抓紧时间尽早完成联合之任务，必须将此工作协调好，希望能够从大局出发实现联合。明思德也向李培恩表示，愿大力支持这项

抗战胜利后，设于上海南京路慈淑大楼之大分校师生，为联合大学的主体，设有工、商、文系科。集中了不少国内外著名的教授学者。二排左1站立者为工学院院长廖慰慈；二排左7为明思德，左8为李培恩校长。一排左1为兑克勋牧师(著有《之江大学史》)；二排右2为罗天理牧师。抗战期间二人均被日寇逮捕，关押集中营内，遣返美国(1946)。

联合工作，支持联董会的工作，有什么困难早提出早解决。明思德走后，李培恩化了大量时间与东吴、圣约翰大学的代表商讨联合大学的事宜，他们表示积极支持，首先要选择确定联合大学的校址。为了慎重确定校址，还对上海、杭州、苏州各校进行办校校址的考察，在此期间几次去了杭州之大校址进行考察。经过数个月的考察和磋商，总体已有了眉目，为此曾委托德国建筑师格罗皮乌斯规划拟设在虹桥机场附近的校园。李培恩校长对联合大学的建立非常乐观和有信心，回到之大后在校务会上高兴地告诉大家联合大学前景光明，其本人也怀有极大信心。1947年1月初，李培恩致信明思德告知有关事宜及已确定了联合大学的组织方向：圣约翰决定参加联合大学，三校合并估计秋天就能完成，三校合并后将所有相同的系科专业合并，文理科集中在圣约翰大学；工科集中在之大；圣约翰、东

各校在在之大进行考察时在“慎思堂”留影(1947)

吴附属高中合并后设在东吴大学；东吴大学法学院留在上海昆山路校址内。此外，在之大重新开办附属高中，以解决杭州教会学校子女就读问题(包括对外招收新生)。

此时，南长老会富尔顿博士、艾利特博士访问之大，对联合大学很感兴趣。当了解联合大学的情况后提出绝然不同的意见，他们完全从基督教教会的角度看待问题，认为联合后联合大学权力过于集中，基督教本质会受到限制，在传授基督教道义上会受到很大影响，既然是教会大学必须将传播基督教道义放在第一位。众所周知，随着基督教大学经百余年来的发展，已从基督教宣教功能逐渐转变为适应中国本土社会需要的办学模式。李培恩对此有自己的看法，不能附和他们的一些意见。他认为，大学培养的人才要按基督教教义做人，自律自己并成为道德的榜样，宣传福音、传布福音，使之深入人的灵魂，以自己的一技之长及技能服务社会，奉献社会为崇高之责任，以行动传扬基督教福音。李培恩将此看法写信给联董会秘书明思德，从信中可看见一些端倪：他们认为之大并入联合大学，对之大是否保持基督教本质产生疑虑，还认为联合大学校长权力过于集中，将会影响合作差会任命教职员的权限，以及影响保留要求终生服务的权力，对任命专业技术人员去工学院和商学院、文学院都将受到阻碍，使合作差会说了不算数，而要通过权力过大的校长才能完成任命。其实他们多虑了，李培恩是一位非常虔诚的基督教徒，长期以来非常尊重差会的意见和决定，事实也证明李培恩对差会的决定是全力支持的。

明思德牧师

接下来是对组建联合大学的各校进行实地考察、协商座谈。深入了解各校财务、教育、师资、修缮等情况及对联合大学的支持态度。

作为联合大学牵头人的李培恩，将联合大学作为最重要的工作来抓，来回奔波于沪杭之间，经过数个月的磋商和商讨已经有了满意的结果。1947年2月初，李培恩给明思德的信件中可看到李的乐观态度，在他的信中充满信心：联合大学必须有一个理想的校园，它能发展成为一个现代大学规模，最重要的是能够寻找到一个至少上千亩地的地方，作为将来的新校园，这个校园能够使大学得到最好发展，能够与美国名校相比拟。同时希望芳威廉博士回到上海后立即着手解决此事。同年5月李培恩致信急于想了解联合大学实情的明思德：之江、圣约翰、东吴合并为联合大学的建议，已被各校董事会经过慎重研究决定采纳接受，各校董事会都积极支持这一建议，并认为学校要发展必须走联合的道路，才能做强做大，才能立于世界之林。联合大学的协商讨论移至杭州之大“慎思堂”(教学办公主楼)举行。选择校址的问题一直困扰着联合大学的筹划者，意见始终不能统一，各校都想通过联合后发展自己的优势科目，东吴、之大认为圣约翰校址太小有碍于今后发展，流经圣约翰校区旁又黑又臭的苏州河河水异常腥臭，特别是夏季空气中弥漫着河里带来的浓臭，这会严重影响校区师生的身心健康，此环境不适宜长期学习和工作。但是圣约翰自认为在这里能得到很好发展，交通便利，物质提供方便，周围环境利于学校发展，利于学术交流，学校又处于国际大城市中，与外界沟通畅通，没有必要搬迁。再说，迁新校址建新校舍要花大量经费，远远超过这几所大学所能承受的经济能力，而且不一定立竿见影，此外，在当时的国内局势下，不可能投入大量资金和花大量人力物力与时间，来完成此项搬迁工作。在谈判协商时各校都站在各自利益基础上，都谈自己的优势强调面临的困难，李培恩尽量从中斡旋使之达到平衡，反复与将各校沟通，但各校在具体问题上都不肯让步，谈判陷于僵局。

明思德在美国非常关心联合大学的进展，提出一些建议，时时与李培恩通信往来谈及此事。1948年4月中旬，李培恩已感到力不从心，给明思德的信中谈到联合大学遇到的困难，没有实质性的进展，随着新学期即将来临，招生工作的展开，与各大学的商谈产生了矛盾，将影响各校的招生计划。各学校都清楚学生是学校之源，学校发展看招生人数和生源质量，招生工作迫在眉睫。看到组建联合大学困难重重，圣约翰决定单独干，工学院、理学院开始自行招收新生，其余专业也跟进招收新生，与达成的联合办学协议完全背道而驰。圣约翰的这一举动引起了连锁反应，东吴、之江也开始自主招收新生，但之大是最后在杭州开始招收新生的。李培恩为了挽救联合大学，甚至提出之大可在次年春季招收新生，设置在头龙头与二龙头之间山谷台地上的附中也同时招收新生。协议上的联合招收新生工作已无法挽回，至此从抗战后开始筹划的组建联合大学的计划宣告失败。

三校不能联合，联合大学不能实现，虽然开始时大家都出于美好的想法，都想通过联合来增强扩大本校优势系科，但各方都站在自己学校的利益基础上，各有各的打算，最终以失败而告终。这次联合办学失败值得深思和总结的几个原因，李培恩在以后的检讨和总结中，进行了恰如其分的分析，在李培恩以后的书信和言论里都阐述了下面的这些观点：

①首先没有得到政府的大力支持和资金上的援助，不能由政府出面、由政府来作财

政后盾，失去政府的参与和支持要进行高校联合难度极大；②在筹划建立联合大学过程中，东吴校长杨永清一直在美国，有关东吴的事不能面对面商讨，致使东吴拿不定主意，造成三校合并不能立即定板，优柔寡断的办事方式耽搁了整个计划的实施；③由于资金缺口太大，财政支持力度不大，如杯水车薪，没有强大的资金来源作后盾，办事处处难，无钱买地，无钱建新校园，学校就不可能进行搬迁；④参加联合大学的各校考虑自己的利益过重，没有从整体利益来考虑，更没有从中国教育的发展做强做大的大方向来考虑，虽然李培恩是牵线人，在三校中有很高威望且本人极为谦逊，热衷教育事业，对教育工作的执着，但是没有一锤定音一言九鼎的权力；⑤南长老会对联合大学是否能保持基督教本质及影响南长老会差会的权力实施一直持怀疑态度，拖延了对联合大学的支持，特别是财力上的大力支持，严重影响了联合大学的实现，联合董事会没有起到关键作用，实质作用。

1947年5月南长老会华中差会在苏州开会，对李培恩协调的联合大学充满希望，经全面考虑决定参加联合大学，并提供6名工作人员，每年拨款10万美元，并书面保证再拨款30万美元，今后还可加大资金援助，但是三校合并已出现严重分歧，无法调和，挽回分歧已极为困难。尽管李培恩仍然做各方工作，尽力将各校拉回联合大学轨道上来，但已无济于事。李培恩提出以东吴、之江为联合大学核心，逐步达到大联合，并保证一视同仁。随着招生工作的展开，各校投入资金主要是整顿修缮本校校舍和复员安定工作，购买仪器设备，招聘教员，为开学作准备，联合之事到此为止，已无回旋的余地，筹组联合大学的工作至此结束。基督教联合大学失败的关键，是抗战胜利后教育复兴及重大的教育改革，政府不介入，也没有更多的资金投入教改支持教育复兴，特别对经济文化发达的上海、杭州、苏州地区的国内外知名的美国人创办的基督教大学合并的教改上，不参与、资金不投入、不积极主动帮扶。

从1946年到1947年，上述几所大学都忙于复员工作，如之大工学院从重庆复员，在上海慈淑大楼的之大分校还有高年级在上课，暂时还去不了杭州之大校园，都要作统一安排，各校忙于本校复校复课修缮和新建校舍食堂和师生宿舍，以及时解决师生住宿、购买教育仪器设备及修复实验室等诸多问题，工作繁多，已无暇顾及联合之事。

臧刘两家的世交之情

臧增嘉

祖父臧伯庸医师，喜好收藏折扇。晚年不论寒暑，每日总要取出一、二柄，把玩扇骨，欣赏字画，已成习惯。一日取出一柄湘妃竹折扇，对着扇面上的书法，边看边沉思着。我弟在侧见状，便凑近一看，见该扇面书法落款为刘体智[①]，便问祖父书者刘体智可有名气？此一问祖父对我们讲述了一段有趣的往事。

上世纪20年代初，先祖父接受一刘姓病家之请，为女主人医治臂痛。主人听祖父讲一口成都话，便问祖父的籍贯。祖父告知原籍浙江，生在成都。主人又问："成都臧吟樵老先生知晓否？"祖父忙回答："乃吾之先祖父。"主人若有所悟，接着又问："臧医生你莫非为次郎兄之公子呀？"祖父大惊，即刻回答道："先父即次郎公，刘先生何以知道得如此详细呀？"主人立即双手握紧祖父之手道："先父乃刘秉璋公，任四川总督时，聘吟樵老伯任幕僚(相当于今之秘书)几近十年。我乃秉璋公之长子刘体乾，少年随父在川时与令尊兄弟曾多次相聚，游园谈文，十分投缘。我第二次入川，悉知令伯、令尊相继谢世，仅遇令叔，始知次郎兄有子赴日本习医，原来是你呀！"说罢两人均激动不已！

据家谱与族人记述，我太祖父吟樵公本浙江吴兴一介书生，精字画。太平军兴起，兵至浙江，吟樵公被掳作苦力。军营见公体弱无力，却能算会写，便令改充记事文书。一日公乘无月夜色，逃离军营，由浙西行经湘入川。吟樵公先后任丁宝桢与刘秉璋两位四川总督的幕僚，尤其事刘秉璋达十年左右，两人关系十分融洽。祖父生于成都，十八岁出川赴日本留学，但童时乡音一直未改，才被体乾先生听出祖父的成都口音，以至能再续臧、刘

①刘体智即小校经阁主人刘晖之。

曾祖父臧次郎公像

两家的世交之情，实在巧极，此大约也属“天意”吧！

祖父一听刘体乾先生乃是父亲之故交，马上要行叔侄之礼。体乾先生忙阻止道：“现在民国时代，不必再拘泥旧礼，但我今后不再称你先生或医生，而称你伯庸可好？”祖父忙答道：“理应如此。今后我亦不可再称刘先生、刘太太啦，要改称刘老伯、刘伯母才是呢！”体乾先生听后大笑说：“太客气啦，不敢当呀！”是日两人追忆在川往事，相谈甚欢。事隔三天，祖父接到一请柬，原来体乾先生设宴款请我祖父母。此后臧、刘两家来往甚勤。1924年夏体乾先生还书赠一横幅于我祖父，简述了两家旧交关系。惜此横幅“文革”中被炒，下落不明。幸喜当时所摄此字幅的照片尚存，虽因年久泛黄，但字迹尚能辨认，将随文一同发表。

刘体智(晦之)先生乃体乾先生之四弟，经体乾先生介绍，与祖父也相交甚厚。上世纪30年代初，祖父任董事长的上海九福制药公司，因受“补力多”官司所累，几于倒闭。抗战全面爆发前，九福试制成“乐口福”麦乳精，却无力添置新机器，投入大规模生产。祖父只得出面向体智先生商贷，立蒙应允。待“乐口福”投入市场，九福营业好转，祖父才将所贷之款悉数归还。对体智先生当年解救九福之燃眉，祖父一直耿耿不忘。

体乾先生于上世纪40年代娶李鸿章五弟李凤章之曾孙女家敏女士为续弦。家敏女士的亲侄子道纮、道绪兄弟先后已迎娶我大姑母佩娟、二姑母凤娟为妻。臧、刘两家攀上了亲戚关系，此乃后话。

我家藏有一帧12英寸照片，摄于抗战胜利后某门的婚典礼堂。证婚台上共站四人，一为体智先生，一为先祖父，而另二位惜轶其名姓。这可能是体智先生与祖父仅有的一帧合影。但我祖父母与家敏女士在上世纪廿年代之合影，却尚存数张。1948年前后，体智先生偕续弦夫人李氏赴美国旅游，回国不久李氏夫人罹患心脏病，于解放前夕去世。

1949年后，体智先生若有病恙，仍常延请祖父诊治，但鉴于当时的政治环境，平时就疏于来往。上世纪50年代中期，体智先生嘱人带来其亲笔手书的扇面赠我祖父。上款为

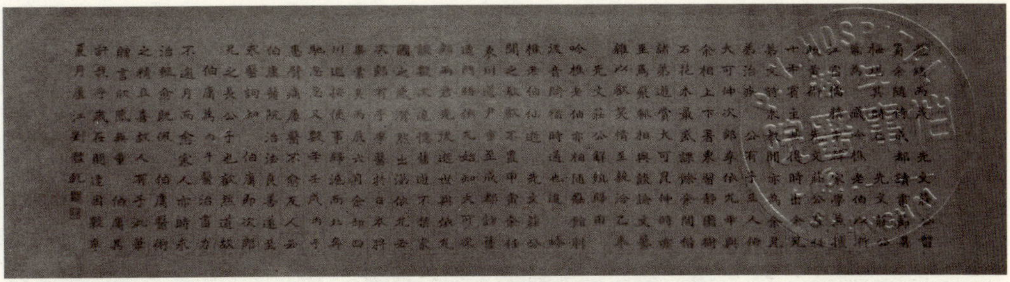

刘体乾书赠臧伯庸之横幅

“伯庸世兄[1]”，说明体智先生还萦怀着臧、刘两家上代所结下的友情。惜此扇亦失散于文革，而所书之内容，我弟兄也都记忆荡然，甚感遗憾!

体乾先生、体智先生昆仲赠我祖父的亲笔书法，虽都不知去向，但臧、刘两家之世交友情，在我们弟兄这一代，却仍记存于心间，这是任何力量所夺走不了的。

刘体智书赠臧伯庸横匾之全文(标点为笔者所加):

光绪丙戌，先文庄公历蜀，余随侍成都读书节署(梅堪)。其时在　先文庄公幕为 臧吟樵老伯以浙江宿儒精申韩家学兼善岐黄术。先文庄公在任十年，宾主甚得，时出余兄弟文诗求教，间亦为余兄弟治疾。公有子三人，伯大可仲次郎季依允年与余相上下。署东(习静园)树石花木最盛，课余余间偕诸弟游赏。大可昆仲时亦至焉，乘辄相与谈论文艺，杂以欢笑，情至亲洽。乙未　先文庄公解组归田，吟樵老伯亦相随罢馆，别后音问犹时通也。适　吟樵老伯仙逝，先文庄公闻之唏嘘不置。甲寅余任东川道尹，重至成都访旧，造门晤依介，始知大可、次郎两君先后逝世。与依允谈数次追忆旧游，不禁家国之感潸然出涕。依允云次郎有子学医于日本将毕业矣。丙辰六月。余卸四川巡按使事归沪，南北奔驰忽忽又数年。壬戌，内子患臂痛，屡医不愈，友人云伯庸医院治法良善，遂至求医。询知伯庸即次郎兄之长公子也，欢然道故。 伯庸为内子医治尽力，不逾月而愈，家人亦时求治辄愈。既佩伯庸医术之精，且喜故人有子。泚笔赠言欣感无量，伯庸其许我乎。岁在阏逢，困敦季夏月庐江刘体乾又刘体智先生赠我祖父之字幅，采用文言体，与干支纪年。为便于读者阅读理解，将译成白话文与注上公元纪年。

①旧时对自己或兄弟的好友之子，客气称为称“世兄”。

某婚礼证婚台上，前左一刘体智、前左三臧伯庸

译文如下：

光绪丙戌(1886)年，先父刘文庄(秉璋)公赴四川上任。我跟随至成都，在总督衙门内的《梅堪》处读书。当时先父聘请浙江省著名学者臧吟樵老伯为幕僚(秘书)，臧老伯不仅精通刑法，又深谙医术。先父在任十年，与臧老伯宾主相处十分融洽。先父常将我们弟兄的文章向臧老伯请教；我们有病，亦常求臧老伯医治。臧老伯共有三子，长子大可、次子次郎、幼子依允，年岁都与我相近。衙门东侧有习静园，多山石花木，在学习空隙时，我带领众弟游园休息，常遇大可弟兄亦在此。大家经常谈论一些文章，与民间趣闻，双方感情十分融洽。乙未年(1895)，先父免官返乡，臧老伯亦随之罢职回家，分别后常互通音信。吟樵老伯去世，先父闻知十分悲痛！甲寅(1914)年，我任东川道尹之职，重返成都，访问一些故交旧友，在依允家才知道大可与次郎已先后去世。我与依允聚谈了数次，追忆起当时一同游园的情景，及家庭与国家之变故，不禁都流下了热泪！依允还告诉我次郎兄有子在日本习医，即将毕业。丙辰年(1916)六月，我辞去四川巡按使之职返回上海，此后南北奔走忽忽又是几年。壬戌年(1922)我夫人患臂痛之症，求治多位医师，均未见成效。有朋友向我介绍，说伯庸医院治病颇有良方，便前去一试。结果得知臧伯庸医师原来是老友次郎兄之长子了！遂与伯庸兴味颇高的谈论起旧家往事。伯庸为我夫人治病非常尽力，不出一月就全治愈。此后家人有病，亦常请伯庸诊治，往往亦很快得到康复。我不仅佩服伯庸医术的高明，同时亦为老朋友有这样一个有才能的儿子而高兴。今写就这篇字幅相赠，以表示我无限感慨的心情，不知伯庸能接受否？甲子年(1924)夏，庐江刘体乾。

(原文“阏逢”为甲，“困敦”为子。“阏逢困敦”即甲子年。此处应为1924年。)

总统厌恶的总理孙宝琦

臧伟强

这是一张晚清重臣孙宝琦(1867~1931)题赠章宗祥的照片。依据照片下角印记，此照系孙宝琦1905年任大清国驻法公使时摄于巴黎。两年后的1907年盛夏，孙氏将此照持赠时任民政部财例局提调的章宗祥，其时，孙已由顺天府尹(相当于北京市长)调任驻德大臣，行将赶赴柏林履新。

题赠此照十五年后的1924年岁首，孙宝琦因妹夫颜惠庆向新任大总统曹锟引荐，竟以五八之龄，由税务督办径任国务总理，他兴致勃勃到院就职并意欲径行组阁。

岂料，内阁要害部门的总长人选，早已内定，而孙所拟各总长名单，竟被曹锟悉数否决。据1924年1月17日《申报》所载《财教两长均不就之孙内阁》一文，孙向曹提议："王克敏在国会有案待查，执掌财政必引发非议"，曹锟则以"叔鲁(王克敏字叔鲁)任中行总裁多年，善筹款，能确保军政开支"为由，力保王克敏任财长。

曹锟让孙当总理，原本指望他百依百顺，岂料这位孙总理竟大唱反调，力主所谓"责任内阁制"，并私自派人赴粤联络西南军阀以"接洽统一"，致使曹锟顿生反感。

突发一事，致使曹对孙的反感，立时升级。上海《申报》1924年3月8日刊出文章一篇《本埠昨日盛传曹锟死耗》。闻讯，曹锟即派人彻查究竟，竟侦知谣言出自总理府邸(据说是总理听信算命瞎子所言，认为总统月内即死，届时他可摄行总统职权)。孙宝琦听说曹锟为此讯暴跳如雷，即两次赶赴总统府，欲当面解释，均遭挡驾。曹锟传话："告诉他，我已死了！"弄得孙氏好不尴尬。

财长王克敏因曹锟庇护，便对孙总理屡屡抗命：克扣须按月支付国务院的五万元经费

孙宝琦题赠章宗祥像照

曹锟

及日用款项。据1924年3月6日《申报》北京专电：“院方向王索两千，财王(财长王克敏)未允；府方索十万，即拨五万。”3月16日《申报》北京电：“孙氏因院薪拖欠已十余月，决定向汇理银行借款，该行要财部担保，遭财王拒绝。”

因孙、王间龃龉日益加剧，加之吴佩孚等索饷日烈，王克敏便拟以退为进：提请辞职。据1924年4月12日《申报》北京电：“府讯，国务院秘书长王继曾持王克敏辞呈到府，曹未阅即批‘慰留’二字，似有孙可去而王不可去之意。”

鉴于曹锟“袒王恶孙”，财长王克敏、内长程克全力掣肘，孙宝琦举步维艰，他终下决心辞总理职。据7月3日《申报》：“孙昨在宅接免职令(外长顾维钧暂代总理职)，照常起居，对左右言，不能行其志则去，并嘱王继曾‘院事须交代清楚’。”

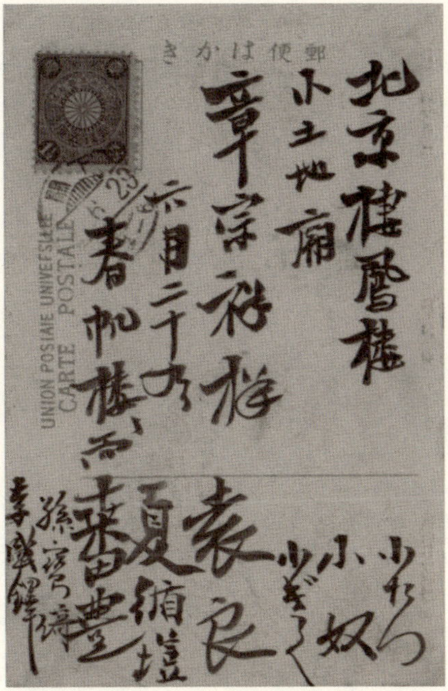

致章宗祥明信片，依据邮戳“下关，3. 6. 29”获知，系孙宝琦与李盛铎、袁良、夏循垲等联名写于日本下关，一同向章宗祥示好，时间为1914年6月29日(大正三年六月二十九日)。

据史料记载，孙宝琦出任国务总理，每遇曹大总统反对，态度即逆转，俯首任其摆布。针对孙左右摇摆之势，1924年2月29日《大公报》曾如此评说：“孙髯(报端所称，因孙氏蓄长须)登台以来，高唱和平统一，转而又提出援粤命令，自掴耳光，竟向人声明，谓系洛阳(指吴佩孚)及府方(指曹锟)极力主张，不得不尔。是可谓无志气之老朽矣。”

曹锟原本也效力袁世凯、段祺瑞，故与章宗祥也甚为熟稔，但曹上位后，章已落魄。至于孙宝琦与章宗祥，早在清末即交往密切。据《汪荣宝日记》1909年5月14日记载，本日汪荣宝与章宗祥做东，宴请孙宝琦、汪大燮、钱能训、良弼、吴禄贞、曹汝霖、陆宗舆等人。

孙宝琦时任北京政府外交总长，章宗祥为司法总长(寓北京东单栖凤楼胡同)。

主要内容是为瞿宣治谋职一事说项。孙宝琦时任北京政府税务督办。陈箓时任北京政

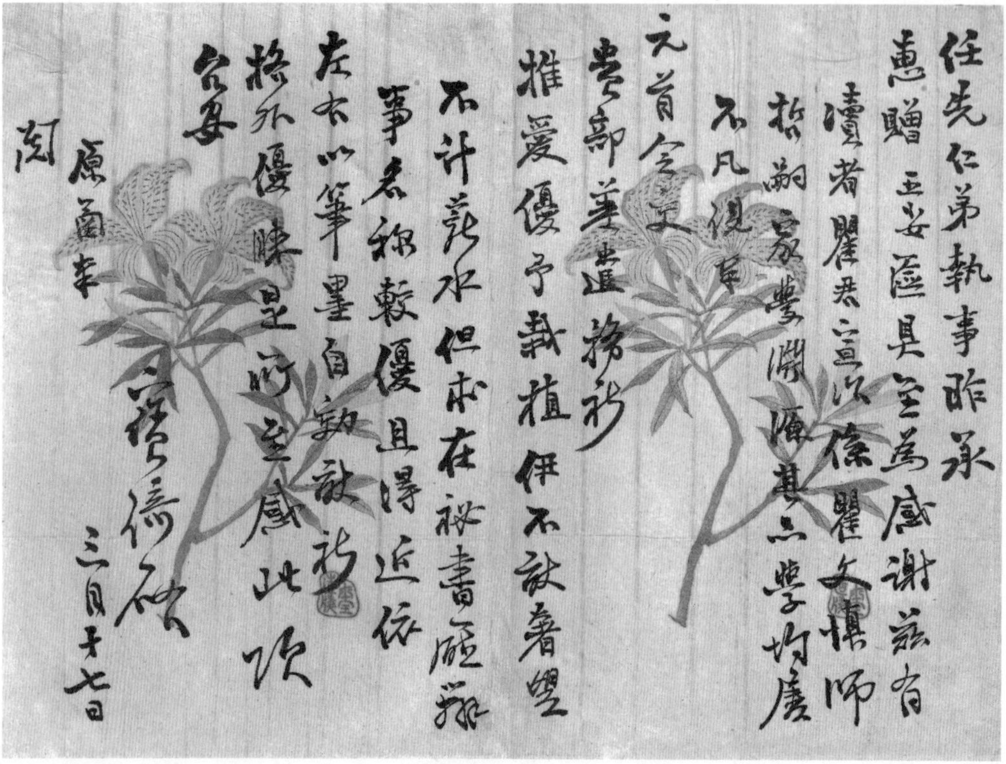

任先仁弟執事：昨承
惠贈玉安應具，至為感謝。茲有
瞿君宣治，係瞿文慎師
哲嗣，家學淵源，其品學均屬
不凡。現奉
元首令，交
貴部差遣，務祈
推愛，優予栽植。伊不敢奢望，
不計薪水，但求在秘書廳辦
事，名稱較優，且得近依
左右，以筆墨自效。
格外優睞，是所至感。此頌
台安
寶琦頓首
三月十七日
原函奉閱

孙宝琦致陈箓书札(字任先)

府外交部代总长，时间当为1919年3月17日或1920年3月17日。

在信中，孙宝琦向陈箓特别说明瞿宣治为“瞿文慎师哲嗣”，推介他“家学渊源，其品学均属不凡。现奉元首(大总统徐世昌)令，交贵部差遣，务祈推爱，优予栽植。伊不敢奢望，不计薪水，但求在秘书厅办事，名称较优，且得近依左右，以笔墨自效。”

瞿文慎，即瞿鸿禨，清末时与徐世昌同为清廷军机大臣，后因“丁未政潮”被慈禧着“开缺回籍”，1918年冬在上海去世，谥号“文慎”。瞿宣治，瞿鸿 次子，民初外交家，1923年病逝法国马赛。

孙宝琦曾为瞿鸿禨下属(瞿鸿禨时任清廷外务部尚书)，故执弟子礼。1913年孙任外交部总长时，又为陈箓上司，孙曾携陈参与中俄蒙谈判。